- DIPLOMICA -
BAND 21

Herausgegeben von Björn Bedey

Aspekte zur männlichen Identität

von

Sascha Bieser

Tectum Verlag
Marburg 2005

Die Reihe *diplomica* ist entstanden aus einer Zusammenarbeit der
Diplomarbeitenagentur *diplom.de* und dem *Tectum Verlag*.
Herausgegeben wird die Reihe von Björn Bedey.

Bieser, Sascha:
Aspekte zur männlichen Identität
diplomica, Band 21
/ von Sascha Bieser
- Marburg : Tectum Verlag, 2005
ISBN 978-3-8288-8938-5

© Tectum Verlag

Tectum Verlag
Marburg 2005

Meinem lieben Sohn Jakob gewidmet

„Fürtrefflich! sagte Wilhelm, denn in einer Gesellschaft, in der man sich nicht verstellt, in welcher jedes nur seinem Sinn folgt, kann Anmut und Zufriedenheit nicht lange wohnen, und wo man sichimmer verstellt, dahin kommen sie gar nicht. Es ist also nicht übel getan, wir geben uns die Verstellung gleich von Anfang zu und sind nachher unter der Maske so aufrichtig, als wir wollen."

(Johann Wolfgang von Goethe)

„Haben wir hier die nicht markierte Bedingung aller Einschreibung entdeckt, das, was keine ihm gehörige Markierung haben kann, keine eigene Markierung, weil es das vom Eigentlichen Ausgeschlossene ist, was das Eigentliche erst ermöglicht?"

(Jacques Derrida)

„In der Gewalt von Mächten, die keinen Zweifel lassen, daß sie uns vernichten können, weil in uns selber etwas, das wir nicht kennen wollen, ihnen entgegenkommt. (...)
Ja, es sei ihre schwerste Erfahrung, daß zerstörbar in uns nur ist, was zerstört sein will, verführbar nur, was der Verführung entgegenkommt, frei nur, was zur Freiheit fähig ist;"

(Christa Wolf)

5

INHALTSVERZEICHNIS

I   Einleitung

Lange Zeit war das Thema „Geschlecht" in den Sozialwissen-
schaften ein askriptives Merkmal, welches als etwas natürlich
Gegebenes angesehen wurde. Zwar mochte dem gesellschaftlichen
Wandel zuzuschreiben sein, was jeweils in einer bestimmten Zeit als
„männlich" und „weiblich" galt, die Dichotomie der Geschlechter
allerdings war unverrückbar (vgl. DÖLLING/KRAIS 1997, S. 8).
Erst die Ausläufer der 68er-Bewegung gaben in Deutschland den
Anstoß zur Initiierung von Frauenbewegungen, die die
Gleichstellung der Frauen durch Frauenpolitik und Frauenforschung in unterschiedlichsten gesellschaftlichen Bereichen einfor-
derte und so das Patriarchat in Frage stellte.

Der Feminismus, mittlerweile eine breit gefächerte und weltweite
Bewegung, hat Probleme von Frauen zum Thema gemacht und es
wächst die Überzeugung, dass Frauenthemen auch Männerthemen
sein müssen. Ungleiche Gehälter, geschlechtsbezogene Segregation
von Arbeit, öffentliche Kinderbetreuung, gesonderte oder ungleiche
Erziehung, ungleiche Gesundheitsversorgung, Vergewaltigung und
häusliche Gewalt, sexuelle Belästigung, Sexismus in den Medien,
usf. Das alles sind Themen mit denen sich vornehmlich Frauen
beschäftigen, die aber zentral die Praxis von Männern angehen.

Die feministische Theoriedebatte und die empirische Frauenforschung haben allmählich ein Bewußtsein dafür geschaffen, dass
die Kategorie „Geschlecht" nicht nur als etwas historisch
Entstandenes, sondern im alltäglichen Handeln als immer wieder
neu Konstruiertes und Reproduziertes zu denken ist, keineswegs
aber in einer biologischen Determinierung. Mittlerweile sind mit
der Analyse des Forschungsgegenstands „Gender", verstanden als
soziales Geschlecht, neben den Sozialwissenschaften auch die
Philosophie und die Literatur- und Kulturwissenschaften befaßt
(vgl. ebd., S. 7). Gender ist eine vielschichtige Struktur und weitaus
komplexer als dies die konventionelle Dichotomie der
„Geschlechterrolle" erahnen lassen. Die Struktur der Geschlechter-

verhältnisse ist hineinverwoben in Familie und Sexualität, Wirtschaft und Staat.

Neben der etablierten feministischen Frauenforschung durch Frauen hielten in den 90er Jahren auch vereinzelt kritische Männerforscher Einzug in die Debatte; Männerforschung ist aber bis dato in Deutschland noch kaum institutionell etabliert, dies zeigt ein Streifzug durch die Internetseiten der deutschen Universitäten. Allerdings kann nur eine Frauenforschung im Verbund mit dem Forschungsgegenstand „Mann" sich als Geschlechterforschung begreifen und ausweisen, denn die Perspektive des Gender schließt sowohl Frauen als auch Männer ein; ebenso muß kritische Männerforschung inter- und transdisziplinär angelegt sein. Das Interesse und die Neugierde am Mann wächst. Auch in der Sozialen Arbeit werden geschlechtsspezifische Aspekte verstärkt bedacht und focussiert, sich der besonderen Lebens- und Problemlagen von Männern und Frauen angenommen.

Um im Folgenden aufzuzeigen zu können wie ein biologischer Körper, ausgewiesen als Mann, - denn hiervon handelt diese Arbeit - Träger von Zuschreibungen wird, ja wie ein Subjekt überhaupt erst hierdurch zu denken ist und sich begreifen kann, sollen verschiedene Aspekte exemplarisch ausgeführt werden.

II   Sozialisation und Persönlichkeit

Nach ZIMMERMANN (ebd., S. 13 ff) ist Sozialisation zu verstehen als „Prozeß der Entstehung und Entwicklung der Persönlichkeit in wechselseitiger Abhängigkeit von der gesellschaftlich vermittelten sozialen und materiellen Umwelt." Sozialisation ist somit als ein interaktiver Prozeß zu verstehen, in dem die persönliche Entwicklung in der Beziehung zwischen Mensch und Umwelt statt findet.

Im weiteren klärt ZIMMERMANN die Persönlichkeit als spezifisches Gefüge von Merkmalen, Eigenschaften, Einstellungen und Handlungskompetenzen, das einzelne Menschen kennzeichnet. Dazu gehören von außen beobachtbare Verhaltensweisen, Werthaltungen, Wissen, Sprache sowie auch innere Prozesse, Gefühle und Motivationen. (vgl. ebd., S.17)

Sozialisation ist ein lebenslanger Prozeß, der nicht mit der Volljährigkeit abgeschlossen ist. Sozialisation findet durch die Instanzen Familie, Kindergarten und Schule statt und führt sich fort in Peer-Groups, Partnerschaften, Ausbildung und Beruf, Universitäten, der Elternschaft und schliesslich durch sich selbst.

Sozialisationstheorien hierzu sind mannigfach und unüberschaubar. Es gibt keine einheitliche aber eine Vielzahl psychologischer und soziologischer Bezugstheorien, denen hier nicht Rechnung getragen werden soll. Hierunter zählen exemplarisch für die psychologischen Basistheorien etwa die kognitive Entwicklungspsychologie, die Lerntheorien und die in dieser Arbeit angeschnittene Psychoanalyse. Für den Bereich der soziologischen Basistheorien wären etwa die strukturfunktionale Theorie, der Symbolische Interaktionismus und in materialistische Sicht zu nennen. Die Tendenz Geschlechtsunterschiede auf einen Biologismus zurückzuführen, die insbesondere vor einigen Jahrzehnten aufflammte, dessen Thesen widerlegt wurden, und die heute wieder durch die Fortschritte in der Genetik im Versuch den Menschen zu entschlüsseln diskutiert werden, finden in dieser Arbeit ebenfalls keinen Platz. Deshalb verbleibe ich im Folgenden mit der Darstellung von ausgewählten Aspekten und wähle vorrangig eine philosophische Darstellungspraxis, die es vielleicht ermöglichen kann, eine alternative gedankliche Perspektive zu derzeitigen Forschungsströmungen der „gender studies" zu geben.

III   Die Psychoanalyse und die sexuelle Differenz

Die folgenden Darstellungen von LACAN, FREUD und CHODOROW bieten konkurrierende Versionen, wie die geschlechtlich bestimmten Indentifizierungen funktionieren.

LACAN vertrat die Auffassung, dass das Geschlecht nicht nichts weiter als die Angelegenheit einer Anatomie ist, vielmehr es sich um eine symbolische Position handelt, von der aus man gezwungen ist, diese anzunehmen. Jene Zwänge lägen schon in der Sprache und demzufolge in den konstitutiven Beziehungen des kulturellen Lebens wirksam begründet. LACAN unterscheidet die Positionen „der Phallus sein" und „den Phallus haben". Dies benennt zwei unterschiedliche Positionen oder eben Nicht-Positionen in der Sprache. So bedeutet der Phallus „sein", das Bezeichnete (Signifikant) des Begehrens des Anderen zu sein, respektive als dieser Signifikant zu erscheinen. Das bedeutet nach LACAN also für die Frauen, daß die Macht des Phallus durch die weibliche Position des Nicht-Habens bedingt ist, indem sie den Ort zu Verfügung stellt, in den der Phallus potentiell eindringen kann und ihn gerade dadurch bezeichnet, gleichsam als dialektische Bestätigung seiner Identität im Feld des Imaginären. Diese symbolische Ordnung erzeugt nach LACAN also die kulturelle Intelligibilität vermittels der beiden sich wechselseitig ausschließenden Positionen, wobei den „Phallus haben" die männliche und der „Phallus sein" die weibliche Position markiert. In seinem Aufsatz „Die Bedeutung des Phallus" (1975, S. 130) schreibt er zu den Beziehungen der Geschlechter:

> „Diese Beziehungen drehen sich, wie wir sagen, um ein Sein und ein Haben, die dadurch, daß sie sich auf einen Signifikanten, auf den Phallus, beziehen, die ärgerliche Wirkung haben, daß sie einerseits dem Subjekt Realität in diesem Signifikanten verleihen, andererseits die zu bedeutenden Beziehungen irrealisieren."

Jeder Versuch eine Identität in diesem theoretischen Gebilde LACANs zu begründen läuft zwangsläufig auf die Kategorien des Mangels oder des Verlusts hinaus. Da der Mann den Phallus – der LACAN sehr am Herzen liegt - „hat", sein realer Penis jedoch die vollständige Möglichkeit diese symbolische Position einzunehmen nicht vermag, nichtsdestotrotz diese Möglichkeit in der Unmöglichkeit immer wieder artikulieren und in Szene setzen muss. Ein anderer Aspekt auf den LACANs Modell hinweist, ist die Dependance zur weiblichen Bestätigung einer männlichen Autonomie. Das Subjekt tritt in der Sprache als selbstbegründeter Signifikant nur unter der Bedingung vor-individueller und inzestuöser Lüste, - die sich nun mit dem Körper der Mutter verbinden -, auf. Seine nur scheinbar in sich selbst begründete Autonomie verschleiert die Verdrängung und „nötigt" die Frauen, sie ihrer Realität der „illusorischen" Autonomie zu versichern. Frauen „sind" also hiernach der Phallus und bezeichnen demnach die Macht, den selbstbegründenden Posen von Männern „Realität" einzuverleiben. Der Phallus „sein" würde also stets bedeuten, der Phallus zu „sein" für ein männliches Subjekt. Nun müssten dann gerade Frauen in einer Weise auftreten, die der des Männlichen entgegensteht und genau in ihrem Mangel die wesentliche Funktion der Männer konstituieren und absichern.

In FREUDs Schrift „Das Ich und das Es" bestimmt dieser die Trauer als Ausgangsstruktur der Ich-Bildung. Die Erfahrung einen geliebten Menschen zu verlieren, wird durch den spezifischen Akt der Identifizierung überwunden, der darauf abzielt, den Anderen gleichsam in der Struktur des Selbst zu beherbergen. „Die Liebe hat sich so durch ihre Flucht ins Ich der Aufhebung entzogen." (2000, S. 210) FREUD fährt fort, „daß der Charakter des Ichs der Niederschlag der aufgegebenen Objektbesetzungen ist, die Geschichte dieser Objektwahl enthält." (ebd., S. 297) Dieser Verinnerlichungsprozeß erweist sich auch als relevant für den Erwerb der Geschlechtsidentität, wenn wir uns vor dem Hintergrund des Inzesttabus (und der primären Besetzung der Mutter) vor Augen führen, daß das Kind sich gerade durch die Verinnerlichung des tabuisierten Objekts des Begehrens von diesem Verlust erholt. So wird zunächst zwar das Objekt verneint und zum

14

konträren Objekt, dem Vater gelenkt, nicht aber die Art des Begehrens. Wird aber hier eine homosexuelle Vereinigung untersagt, so ist zugleich der Verzicht auf das Begehren und auf das Objekt gerichtet. Daher „(...) bemächtigt sich der Knabe (des Vaters) durch Identifizierung." (ebd., S. 299) Die Verwerfung der Mutter wird zu einem grundlegenden Moment dessen, was FREUD die „Festigung" der Geschlechtsidentität nennt. Sobald der Junge die Mutter als Objekt des Begehrens verliert, verinnerlicht er entweder diesen Verlust durch eine Identifizierung mit ihr, oder er verschiebt seine heterosexuelle Zuneigung zum Vater, indem er diese verstärkt und seine Männlichkeit „festigt". In FREUDs These der primären Bisexualität kommt die Homosexualität per se nicht vor, sie versteht sich vielmehr als Anziehung der Gegensätze, dennoch bemerkt FREUD: „Es könnte auch sein, daß die im Elternverhältnis konstatierte Ambivalenz durchaus auf die Bisexualität zu beziehen wäre und nicht, wie vorhin dargestellt, durch die Rivalitäts-einstellung aus der Identifizierung entwickelt würde." (ebd., S. 301)

Hiernach müsste der Junge nicht nur zwischen zwei Objekten, sondern sogar zwischen zwei sexuellen Anlagen wählen. Und dass der Junge für gewöhnlich die heterosexuelle wählt, wäre dann kein Resultat der Angst vor einer Kastration durch den Vater, sondern eine Angst der Kastration im Sinne einer „Verweiblichung", die sich in heterosexuellen Kulturen mit männlicher Homosexualität verbindet. Wenn also die Verwerfung der Weiblichkeit und die Ambivalenz gegenüber dem Vater weniger durch das Ödipusdrama der Rivalität, sondern vielmehr durch die primäre Bisexualität hervorgerufen wird, so würde die primäre Heterosexualität der Objektbesetzung ebenso fragwürdig – wie dies Judith BUTLER bemerkt. (vgl.1991, S. 96)

Freud bemerkt, dass die Herausbildung des Ich-Ideals eine Lösung des Ödipuskomplexes darstellt und demnach an der „erfolgreichen" Festigung von Männlichkeit und Weiblichkeit beteiligt ist. Das Ich-Ideal fungiert als eine Art Ensemble von Sanktionierungs- und Tabuinstanz, indem es das Begehren in geeignete Formen umlenkt und sublimiert. Die Identifizierung setzt sich an die Stelle der Objektbeziehungen, in der das Geschlecht des verbotenen Objekts

(Mutter) als Verbot und Verbietendes verinnerlicht wird. Dieses Verbot sanktioniert und reguliert die diskreten geschlechtlich bestimmten Identifizierungen und das Gesetz des heterosexuellen Begehrens:

> „Das Über-Ich ist aber nicht einfach ein Residuum der ersten Objektwahlen des Es, sondern es hat auch die Bedeutung einer energischen Reaktionsbildung gegen dieselben. Seine Beziehung zum Ich erschöpft sich nicht in der Mahnung: „So (wie der Vater) sollst du sein", sie umfaßt auch das Verbot: „So (wie der Vater) darfst du nicht sein, das heißt nicht alles tun, was er tut; manches bleibt ihm vorbehalten." (FREUD, a.a.O., S.301/302)

Zugleich ist mit dem Über-Ich eine Instanz des Gewissens und der Moral errichtet worden, in die die gesellschaftlichen Normen und damit auch die der Geschlechterrolle innerpsychisch übernommen werden können. In dieser ödipalen Situation wird der Verlust durch ein Verbot diktiert. Dementsprechend muss die Antwort auf das Ödipusdilemma als Internalisierung einer moralischen Anforderung verstanden werden, die sich speist auf einer heterosexuellen Matrix und dem damit einhergehenden Tabu gegen Homosexualität. Demnach würde das Tabu gegen die Homosexualität erst die Anlagen schaffen, die einen Ödipuskomplex überhaupt ermöglichen. (vgl. BUTLER, a.a.O., S. 102) In psychoanalytischer Perspektive spielt also der anatomische Geschlechtsunterschied eine entscheidende Bedeutung beim Durchleben der ödipalen Situation. Zunächst führt die Überwindung der ödipalen Situation bei beiden Geschlechtern zur Etablierung des Über-Ichs. Zum zweiten ist die ödipale Situation verbunden mit einer gleichgeschlechtlichen Identifizierung und somit mit dem Erwerb der Geschlechtsidentität. Hieraus ergeben sich nach FREUD grundsätzliche psychische Differenzen zwischen Männern und Frauen. Wie würde es nun aber aussehen, wenn – wie dies heutzutage ja durchaus auch kein Einzelfall mehr ist – der Vater die primäre Bezugsperson in den ersten Jahren des Kindes ist?

CHODOROW, als feministische Psychoanalytikerin und Soziologin, nimmt vor allem bezüglich der Bedeutung der ödipalen Situation, eine zu FREUD unterschiedliche Haltung ein. CHODOROW sieht die dogmatische bürgerliche Kleinfamilie darüber hinaus und die daraus abgeleitete geschlechtsspezifische Arbeitsteilung – die Betreuung und Aufzucht der Kinder oblag lange Zeit ausschließlich der Mutter - als historisch entstandene Herrschaftsstruktur an und nicht als natürlichen Kontext. Zur FREUDschen Annahme, die Geschlechtsidentität bilde sich erst in der ödipalen Situation heraus, legt sie dar:

> Kindern etwa mit drei Jahren fest und unverändert etabliert ist. Sie wird in erster „(...),daß die soziale Geschlechts-Identität mit seltenen Ausnahmen bei allen Linie aus sozialen Zuschreibungen an das biologische Geschlecht aufgebaut, die bereits mit der Geburt einsetzen und gemeinsam mit der Sprache kognitiv gelernt werden. Körperliche Erfahrungen tragen ebenso wie die Wahrnehmung des eigenen Körpers und der Geschlechtsteile zum Aufbau eines geschlechtlich definierten Körper-Ich bei." (1990, S. 196)

Der Schwerpunkt dieser Beschreibung liegt also auf den Ebenen vor-ödipaler Prozesse und nicht in einer dogmatischen psychodramatischen Zuspitzung. Während Jungen in dieser frühen Phase bereits die Isolation von Affekten und die Leugnung von emotionaler Verbundenheit lernen, entsteht bei Mädchen eine höhere Sensibilität und Bereitschaft, sich mit Beziehungsfragen zu befassen. (vgl. ebd., S. 218ff) Dies könnte dadurch der Fall sein, dass der Junge sich nur dadurch von der Mutter lösen kann, indem er seine Differenz zum Weiblichen betont und der Penis diese Unabhängigkeit symbolisiert.

FREUD betont den Aspekt, dass Kinder und Mütter sich gegenseitig als Sexualobjekte präsentieren:

> „Der Verkehr des Kindes mit seiner Pflegeperson ist für dasselbe eine unaufhörlich fließende Quelle sexueller Erregung und Befriedigung von erogenen Zonen aus, zumal letztere – in der Regel doch die Mutter – das Kind selbst mit Gefühlen bedenkt, die aus ihrem Sexualleben stammen." (FREUD, a.a.O., S. 124)

Es gibt demnach gerade auch eine besondere Beziehung zwischen Jungen und ihren Müttern, denn der Gegengeschlechtlichkeit wohnt eine besondere Faszination und Attraktion inne. Und das Begehren in der Mutter für den Jungen mag sexuierteren Ursprungs als Triebfeder für die emotionale und körperliche Zuwendung sein als es dies bei einer Tochter der Fall ist. Interessant wäre zu behaupten, dass sich die Prozesse der Loslösung und Autonomie des Jungen schwieriger und problematischer erweisen, weil zum einen die Mutter u. U. dies weniger zulassen kann, und zum anderen die Jungen sich u. U. ohnedies verstärkt in einer Ambivalenz der Abwehr und des Zurück-Wollens befinden. Die Mütter sind es ja dann auch in der Regel, die Fürsorge und Betreuung leisten. Die Familie, der Kindergarten und die Grundschule sind in den ersten Lebensjahren des Jungen die Bereiche und Räume, in denen er lebt und die auch hauptsächlich von Frauen dominiert werden. Zwangsläufig nimmt der Junge auch weibliche und mütterliche Anteile verstärkt in sich auf, vielleicht ebenso die weibliche Bewertung der Mutter der männlichen Eigenschaften, die diese durch ihre Haltung und dem Verhalten dem Vater und anderen Männern gegenüber annimmt und ausdrückt.

Wie wir psychoanalytisch gesehen haben, kann der Junge für seine Entwicklung von Männlichkeit und die damit verbundene Identifizierung die weiblichen Vorstellungen und Muster nicht aufrechterhalten. Die Konsequenz bestünde eben darin, dass „typisch" weibliche Anteile wie Einfühlung, Sinnlichkeit und Körperlichkeit etwa, notwendigerweise verdrängt und abgewehrt werden müssen. Im Aufbau seiner Identität versucht der Junge dies über eine Umwegdefinition, die HAGEMANN-WHITE (1984, S.92) als „doppelte Negation" bezeichnet hat. Im Kürzel der „Nicht-Nicht-Mann-Identität", dieser doppelten Negation, gilt die Mutter als Nicht-Mann und will verdeutlichen, daß die Entwicklung der Geschlechtsidentität über Distanz und Negation weiblicher Identitätsanteile verläuft. Andererseits muss der Junge männliche „Werte" und Verhaltensweisen übernehmen, die ihm die Mutter nie vorgelebt hat, die ihm u. U. eine schwache Selbsteinschätzung verleihen und deshalb vielleicht auch häufig in die kompensatorischen „typischen" Verhaltensweisen von Jungen, wie die des Sich-Beweisen(Darstellen, Aufspielen)-Müssens münden. (vgl. ZIMMERMANN 2000, S. 193)

18

IV   Identität

Der Identität ist hier ein eigenes kleines Kapitel zugewiesen, wenngleich die gesamte Arbeit letztlich um das Phänomen Identität kreist. Dennoch ist es wichtig, einen Aussichtpunkt zu schaffen, von dem aus diese Arbeit weiter aufbauen kann.

BAUMANN (vgl.1993, S. 482) definiert die Identität als eine Erfahrung, eine übereinstimmende und einzigartige Wesenseinheit und -gleichheit zu sein, die kontinuierlich besteht und unabhängig von äußeren Einflüssen oder intrapsychischen Veränderungen bestehen bleibt. Das Gefühl der Identität entsteht, wenn sich das Kind bewußt wird, daß es in einer Welt mit anderen Objekten als Individuum existiert, seine eigenen Empfindungen, Gedanken und Erinnerungen hat und selbst eine eigene, von anderen unterscheidbare, Erscheinung darstellt.

Dennoch bleibt der Topos der Identität ein abstrakter und ist hierdurch unzureichend geklärt, lädt auf der anderen Seite aber auch dazu ein, ihm philosophisch gegenüberzutreten und zu versuchen, ihn thematisch und exemplarisch auszuleuchten. Man bedenke, dass die Gleichheit und Einheit der Dinge oder auch des Mannes mit sich selbst nur eine relative sein kann, die das Allgemeine bestimmen, das Unterschiede einschliesst. Demnach müssen wir uns auf die Suche nach dem Gemeinsamen im notwendigerweise Verschiedenen machen.

Gerade wenn wir aber den Identitätsbegriff mit ADORNO (vgl. 1973, S. 146-153) begreifen, wird deutlich welcher Antinomie er anheimfällt. Das Prinzip der Identität besagt, dass in sich Widersprechendes unterdrückt werden muss. ADORNO bestimmt vor diesem Hintergrund das Besondere im Allgemeinen und meint damit:

> „Das Einzel-Ich ist Eines nur vermöge der Allgemeinheit (...) Daß ein individuelles Bewußtsein Eines sei, gilt nur unter der logischen Voraussetzung vom ausgeschlossenen Dritten: daß es nicht ein Anderes soll sein können. Insofern ist seine Singularität, um nur möglich zu sein, überindividuell." (ebd., S. 146)

Der Blick wird darauf gelenkt, dass „Gleichmacherei" Widersprüchliches reproduziert, das fortwährend ausgemerzt werden muß, will das Individuum einen harmonischen und kongruenten Begriff seiner selbst gewinnen; gleichsam gerinnt die Vorstellung einer Totalität. Das Gespaltene, das Unwahre, also das Nicht-Identische wird des Feldes verwiesen.

Hier lassen sich Parallelen aufweisen mit der im Folgenden darzustellenden symbolischen Ordnung im Feld des Sozialen durch den Habitus bei BOURDIEU, der eine ganze Kosmologie enthält, und es wird vor diesem Hintergrund des Blickes auf Identität deutlich werden, wie Erkennen, Wahrnehmen und Denken selbst schon Akte der Unterwerfung sind und so eine tatsächliche Emanzipation unterläuft. Dies werden auch die historischen Analysen FOUCAULTs und sein Machtbegriff verdeutlichen.

Zurück zur Identität. Unter dieser Prämisse ADORNOs wird die Idenität zur „Instanz einer Anpassungslehre" (ebd., S. 151), wo der individuelle Wille zu dieser Identität hinarbeitet, denn es kann nicht ohne eine Identifikation gedacht werden, denn „jede Bestimmung ist Identifikation." (ebd. S.152) Im weiteren identifiziert ADORNO die Identität als „Urform der Ideologie" (ebd. S 151), gerade weil sich das Individuum dem Vielgestaltigen und Widersprechenden in sich durch „ideologische" Selbstanweisungen beugt, um sich identifikatorisch bestimmen zu können. Identität ist somit das Ziel, verunmöglicht aber zunächst sich aufs Spiel zu setzen, das Denken zu befreien, sich in Bereichen außerhalb von Repräsentationen (LYOTARD) zu bewegen (wie wir noch sehen werden). Aufzuspüren gilt also das Nicht-Identische, das in Identität sui generis enthalten sein muss. Jenes Nicht-Identische gilt es nach ADORNO zu retten, wenn er die erlangte Identität als „verkehrte Gestalt der Wahrheit"(ebd., S. 153), also als das Unwahre ausmacht und man hieraus ganz utopistisch formulieren und postulieren müsste: ein Miteinander des Verschiedenen im Einen, denn die „Ideen leben in den Höhlen zwischen dem, was die Sachen zu sein beanspruchen, und dem, was sie sind." (ebd.) Judith BUTLER merkt in ihren ADORNO-Vorlesungen Folgendes an: „Das „Ich" hat gar keine Geschichte von sich selbst, die nicht zugleich Geschichte seiner Beziehungen – oder seiner Beziehungen – zu bestimmten Normen ist. (...) In gewissem Maße ist das „Ich" sich immer durch seine gesellschaftlichen Entstehungsbedingungen enteignet." (BUTLER 2003, S. 20) Kommen wir nochmals zurück auf ADORNOs Bestimmung der Identität als „Urform der Ideologie" – und hierin lassen sich die Grundfeste erkennen, worauf soziale symbolische Ordnungen wachsen (BOURDIEU) können - und der Behauptung, dass der identifikatorische Akt einer der Gewalt ist, der das Besondere dem Allgemeinen unterwirft und damit unkenntlich macht oder gar destruiert. (vgl. ADORNO 1975, S.320ff.) Und wenn dann „Denken heißt identifizieren" (vgl. ebd., S. 17) meint, geht es ihm nicht darum, identifizierendes Denken durch sein Gegenteil zu überwinden, sondern vielmehr darum, die Identifikation dialektisch[1] selbst über sich hinaus zu bestimmen, denn „insgeheim ist Nichtidentität das Telos der Identifikation, das an ihr zu Rettende; der Fehler des traditionellen Denkens, daß es die Identität für sein Ziel hält." (ebd., S. 152)

Greifen wir BOURDIEU in einer Anmerkung zur Identität vorweg, lässt sich behaupten hinsichtlich des Begriffs, welchen sich ein Mensch von sich selbst macht, dass das, was der Einzelne von sich selbst sagen kann in einer Erzählung von sich - unter der Prämisse Identität sei die „Urform der Ideologie" -, der Versuch konsistenten Sinn zu stiften bereits im Erzählten liegt, wenn er sagt:

> „Die soziale Welt, die dazu neigt, die Normalität mit der Identität zu identifizieren, die als Konstanz eines vernünftigen Wesens mit sich selber aufgefaßt wird – also vorhersehbar oder, mehr oder weniger, verständlich im Sinne einer gut konstruierten Geschichte (...), verfügt über alle möglichen Institutionen der Totalisierung und Vereinheitlichung des Ich." (BOURDIEU 1986, S. 77)

---

[1] Dialektik ist das Programm, der Versuch die Antinomie in der Differenz zwischen Begriffenem und Begriff zu fassen. „Der Widerspruch ist das Nichtidentische unter dem Aspekt der Identität; der Primat des Widerspruchsprinzips in der Dialektik mißt das heterogene am Einheitsdenken. Indem es auf seine Grenze prallt, übersteigt es sich. Dialektik ist das konsequente Bewußtsein von Nichtidentität." (Adorno 1975, S. 17)

Und prosaisch formulieren BLUMFELD (1994):

> „Und so beschaffen ist der Alltag der Figuren
> nie ist eine Herr der Lage
> sind wie ich Zeugen, die sich fragen
> was sie in aller Welt verloren haben
> vielleicht den Faden der Erinnerung daran
> das so wie sie Gestalt annahmen
> besonnen aufgetaucht in Formen
> sie wie in Schlaf versinken werden
> in den Stoff aus dem sie kamen"

Ein erster literarischer Ausflug führt uns zu CERVANTES „Don Quijote" (1997). In dieser phantastischen Geschichte Don Quijote hat immer unrecht, die anderen hingegen immer recht. Ein Rasierbecken ist in Wirklichkeit kein Helm und eine Windmühle kein Drachen. Die Weinschläuche gleichen auch nicht einem Riesen. Wenn auch auf phantastische Weise, so schafft sich Don Quijote doch seine Welt neu und die Ehre, für die er ins Feld zieht, ist das Produkt seines Denkens und nicht die erzeugte Wirklichkeit einer von der Gesellschaft anerkannten und begründeten Werte, Verhaltens- und Denknormen. Er verteidigt die, die er seines Schutzes für würdig hält und kämpft gegen die, die ihm böse erscheinen. Ein markanter Wesenszug des Ritters Don Quijote ist die Einsamkeit. Zwar sind seine Gegner ebenso isoliert, ihre Einsamkeit aber entspringt der Tatsache, dass die Widersacher in ihrer Gestalt im Gegensatz zu Don Quijote nur selbstische Ziele verfolgen. Don Quijote jedoch ist isoliert, weil er dem Leben das Unmögliche abverlangen will: er will die Gewalt abschaffen, die Bösen niederhalten, die Menschen befreien und seine Liebe für das Menschliche in seiner Liebe zu Dulcinea verwirklichen. Das Ergebnis für ihn kann nur im Scheitern liegen, da sein Gegner kein geringerer ist als die Heterogonie, - die zweckbestimmte Haltung, entstanden aus einer ursprünglich nicht intendierten Wirkung -, im Menschen, die wir unsererseits in den Begriff des Kapitalismus fassen können: die Geschichte hat eine geheime Absicht!

V Kapitalismus und persönliche Freiheit

Wächst ein Mensch auf, und dies vollzieht sich bekanntermaßen in seiner Familie, im weiteren im Kindergarten, in Schulen, Berufsausbildung, in Betrieb oder Büro, so geht es im genaueren darum, sich an die vorzufindende Gesellschaftsordnung anzupassen. Aus einem zunächst potentiell willkürlich handelnden Individuum wird so im Laufe seines Sozialisationsprozesses ein Mensch „gemacht", der befähigt wird in einer Gesellschaft zu leben. Dies ist zunächst das, was auf alle Gesellschaften zutrifft. Da die Intention einer kritischen Auseinandersetzung mit unserer Kultur aber bedeutet, und um auch sichtbar zu machen, wie ein Mann gemacht wird, müssen wir uns im Folgenden prinzipiell mit der Janusköpfigkeit des Kapitalismus befassen. Zweifelsohne hat der demokratische Kapitalismus den Menschen einen riesigen Zuwachs an Lebensstandard ermöglicht. Der Mensch bekommt unter Verwertung seiner Arbeitskraft eine Entlohnung, für die er sich Waren und Güter kaufen kann.

Als allgemeine Definition lässt sich sagen, dass Waren und Güter einen bestimmten Gebrauchswert und einen bestimmten Tauschwert haben. Hinsichtlich des Gebrauchswertes kann man sagen, dass dieser die menschlichen Bedürfnisse befriedigt, wie das Bedürfnis seinen Hunger zu stillen oder bspw. mobil zu sein durch Verkehrsmittel. Der Tauschwert hingegen gibt das Verhältnis an, in dem eine Ware gegen Geld ausgetauscht werden kann. So weit, so gut; aber was hat das mit uns als Menschen zu tun? Nun, schließlich zeichnet sich der Mensch neben seinen materiellen Bedürfnissen ebenso durch die Existenz immaterieller Bedürfnisse aus, wie z. B. soziales Ansehen, Liebe, Geborgenheit und Sicherheit. Schaut man genauer hin, so läßt sich unschwer erkennen, dass gerade eben nicht nur Waren oder Sachen verkauft werden, sondern vielmehr Persönlichkeit. Die Ware erhält einen symbolischen Wert, der für die Bedürfnisbefriedigung immaterieller Wünsche und Bedürfnisse steht. Sei es die männliche Potenz in Form eines Sportwagens, das Rasierwasser als Prestigefrage oder Schönheit und Attraktivität in

Form von Kosmetik- und Kleidungsartikeln. Auf diese Weise sind menschliche Eigenschaften Bestandteil der kapitalistisch konsumeristischen Welt, indem sie „kapitalisiert" sind. Markant ist, dass alle Eigenschaften die erwünscht, nachgefragt und letztlich auch verkauft werden, immer in Relation zu einer Außenwelt stehen und nicht für sich. So gibt es Attraktivität, soziales Ansehen oder etwa Bewunderung immer nur durch den Gegenüber. (vgl. DUHM 1973, S. 25-55) Hierin ist fraglos ein Gestus der Zweckbestimmtheit zu sehen, auch ADORNO sieht im Wesen des Tauschwertes das alles Durchdringende und formuliert treffend:

> „Die praktischen Ordnungen des Lebens, die sich geben, als kämen sie den Menschen zugute, lassen in der Profitwirtschaft das Menschliche verkümmern, und je mehr sie sich ausbreiten, um so mehr schneiden sie alles Zarte ab. Denn Zartheit zwischen Menschen ist nichts anderes als das Bewußtsein von der Möglichkeit zweckfreier Beziehungen, das noch die Zweckverhafteten tröstlich streift;" (2001, S. 61)

Somit läßt sich fragen, inwieweit es menschliche Beziehungen brauchen, für die Investition in einen anderen Menschen Gegenleistungen und Gegenwerte zu erhalten. Es ist nicht ausschließlich die Frage, wer ich gerne sein oder was ich gerne haben möchte, welche Charaktermasken sich Menschen anlegen, sondern ob Freundschaft und Liebe in seiner Faktizität zu großen Teilen nicht um seiner selbst willen, vielmehr aber – und hier verweise ich auf das Intelligible im Begriff der Repräsentationen bei LYOTARD im Folgenden – verdinglichte Zwecke darstellen und somit prinzipiell austauschbar sind; so wäre der Mensch zu Teilen nichts anderes als eine Ware. Vielleicht werden Begriffe wie Konkurrenz, Leistung und Angst konturenreicher vor dem Hintergrund kapitalistischer Strukturen und dem menschlich „Entfremdeten" im Bereich der Subjektivation[2] moderner Subjekte. „Was allen durch die Wenigen geschieht, vollzieht sich stets als Überwältigung Einzelner durch

---

[2] Subjektivation hat den Doppelaspekt, daß die Handlungsfähigkeit des Subjekts als Wirkung seiner Unterordnung erscheint. Jeder Versuch des Widerstands aber gegen diese Unterordnung setzt diese notwendig voraus und ruft sie erneut hervor. Sie bezeichnet also einerseits den Prozeß des Unterworfenwerdens und generiert zum anderen das Subjekt erst durch diese Unterwerfung. (vgl. Butler 2003, S. 8/16)

Viele: stets trägt die Unterdrückung der Gesellschaft zugleich die Züge der Unterdrückung durch ein Kollektiv. Es ist diese Einheit von Kollektivität und Herrschaft und nicht die unmittelbare gesellschaftliche Allgemeinheit, Solidarität, die in den Denkformen sich niederschlägt" (HORKHEIMER/ADORNO 2002, S. 28) Die Frage muß anschließen, inwiefern der Mensch tatsächlich frei sein kann. Die persönliche Freiheit eines jeden hängt gewiß nicht nur von den Befriedigungen oder Nicht-Befriedigungen seiner Bedürfnisse ab, sondern vielmehr in der Möglichkeit darauf zu verzichten, sie zu enttarnen in der Frage danach, ob es sich nicht um zwangsmäßige Bedürfnisse handelt. Um aber in einer Gesellschaft existieren zu können, muss sich der Mensch anpassen und das Spiel „mitspielen", indem er die u. a. kapitalistisch induzierte kalte Angst, das feindlich Fremde im und durch den Anderen und sich selbst in Bereiche des „Unsichtbaren" drängt, das Zarte abschneidet, er so ganz und gar damit beschäftigt ist, sich der Angst verweigern zu müssen, um nicht verrückt zu werden. Und so sehr er versucht seiner eigenen Hölle zu entkommen, tritt er angstvoll neurotisch aufs Plateau alltäglicher Inszenierung und steht einem ganz besonderen Phänomen gegenüber: dem Nichts an Vielfalt der gesuchten Strategien, um zu überleben. So wird die Anpassung diktiert, wie ich es schon im Topos der Identität versucht habe zu zeigen, und darin ist keine Statik zu sehen, denn was heute wahr ist kann morgen durchaus schon falsch sein; und gerade darin hat der Mensch, respektive der Mann, kaum eine Wahl, nicht als eine Projektionsfläche für eine ganze kulturelle Industrie zu fungieren und sich selbst nicht unter das Paradigma einer persönlichen Profitmaximierung zu stellen. Das Mass an Authentizität aber, das man persönlich vielleicht am Leben vermisst, mag einen von der Welt trennen, dennoch ist dies gleichzeitig das Verbindene, eben die Sehnsucht nach dem Leben mit all jenen, die tagtäglich blöken mögen wie die Schafe. Und auch diese Schafe spüren die Sehnsucht, nach einer Rettung in der Begegnung im Zweckfreien, auch wenn man im alltäglichen Unsinn befangen ist. Jeder lebt bereits in Angst vor dem Leben, wie ein Flieger, der so grosse Angst vor dem Fliegen hat, obwohl er noch nie gelandet war. Das postmoderne Leben ist gleichsam eines Überlebenskampfes auf psychischen Ebenen und Strukturen, jeder kämpft ihn für sich. Dennoch was ist mit der

Angst. Ist Liebe möglich für sich, für den anderen und für die Dinge
- ohne eine existentielle Angst. Wie kann man einem Menschen nah
sein, wenn man nicht weit genug von sich selbst entfernt sein kann.
Was ist diese unspezifische Angst vor dem Leben, die so spezifisch
im Detail sitzt, im Selbstischen? „Und die Angst die du fühlst ist das
Geld das dir fehlt für den Preis den du zahlst für etwas, das für dich
zählt und dich solcher sein läßt, daß du da (wo du hingehörst) bist."
(Blumfeld 1994)

VI   Der männliche Habitus

1   Kinderspiele

Es ist ja vielfach nachgewiesen und man kann dies selbst auch beobachten, dass sich die Spiele der Jungen und die der Mädchen unterscheiden. Es gibt neben vielen gemeinsamen Interessen für Aktivitäten auch ein Auseinanderdriften von Spielinteressen. Während sich Spiele von Mädchen eher auf das Private, Kooperation und Beziehung ausrichten, wird bei Jungen die Wettkampforientierung, Körperbetonung und die Orientierung in das Öffentliche deutlich. Im Laufe der Kindheit und Jugend wird das unterschiedliche Spielverhalten sogar zunehmend gegenseitig unverständlich und suspekt. Unbestritten werden die Verhaltensweisen und Spielinteressen durch die Erwachsenenwelt begleitet und bewertet. GEBAUER (vgl. 1997, S. 273) verdeutlicht, dass neben der speziellen Spielthematik, die sozialen Personen jeweils mimetisch verkörpert werden. Einbezogen sind neben den Aufführenden auch die Zuschauenden, sie partizipieren an dem Glauben und haben einen vergleichbaren Spielsinn. GEBAUER (ebd., S. 273-274) geht weiter:

> „...die soziale Person, die ein Mädchen/Jungen darstellt, selbst in einer Art von primärem Spiel eingeführt und erworben wurde. Das Spiel organisiert diese Elemente noch einmal, aber anders, indem es den Spielsinn der Alltagswelt zum Gegenstand von Aufführungen macht."

Deutlich wird in den Jungenspielen die Formen des Gegeneinanders, Überbietens (des Obens), der Rivalität, des Sieges, der Auszeichnung und letztlich der symbolischen Macht. GEBAUER geht es hier gerade nicht um Lernen an Modellen oder der Einübung, sondern vielmehr indem er sich sehr an BOURDIEU anlehnt darum, dass:

> „Kinderspiele (...) lustvolle Gelegenheiten (sind; S.B.), einen bestimmten Praktischen Sinn, d. h. eine Fähigkeit auszubilden, sich in einem besonderen sozialen Feld (...) mit nicht bezweifelbarer Handlungssicherheit, ohne Überlegung „richtig" zu verhalten, als habe man eine „zweite Natur" erworben: (...,) einer „untrüglichen"

Wahrnehmung (die auch außerhalb des Spiels auf gleiche Weise funktioniert), einem Engagement in das Spiel und einem Glauben in dessen Wichtigkeit und Ernst." (ebd., S. 281)

So sind die Unterscheidungen in den Kinderspielen zwischen Jungen und Mädchen eher als sinnliche Erfahrung und Übung für die Orientierung innerhalb einer bestehenden symbolischen Ordnung anzusehen.

2 Pierre Bourdieu und sein Konzept des männlichen Habitus

BOURDIEUs Arbeiten im Zeichen einer Kultursoziologie befassen sich explizit mit der sozialen Konstruktion symbolischer Ordnungen und sozialer Struktur. Mit Geschlechtsidentität ist mehr gemeint als lediglich das Bewußtsein darüber, Mann oder Frau zu sein. Dabei handelt es sich vielmehr neben bewußten Merkmalen und Anteilen um eine Art Tiefenstruktur der Persönlichkeit, die Subjekte innerhalb eines Geschlechts miteinander verbindet und „auszeichnet" und gleichzeitig vom anderen Geschlecht unterscheidet und abhebt. Anhand BOURDIEUs Analysen der kabylischen Gesellschaft[3] (1976,1987) wird der Zusammenhang von objektiver sozialer Struktur und subjektiver Strukturierung erfasst und deutlich. Die zentrale Kategorie hierfür, in der dieser Zusammenhang erfasst werden kann, ist die des Habitus. Im Folgenden soll dieser ausführlich erläutert werden.

Für BOURDIEU sind die grundlegenden und fundamentalen Einteilung, mit Hilfe derer wir unsere tägliche soziale Welt ordnen und ebenso unseren Körper wahrnehmen, polare Klassifikationen wie etwa: hoch und tief, unten und oben, groß und klein, Tag und Nacht, hell und dunkel, Innen und Außen, aktiv und passiv, lebendig und tot, hart und weich, feucht und trocken, gerade und krumm, männlich und weiblich. Wenn man also von dem reden will, was normal, üblich oder natürlich ist, scheinen dichotome Einteilungen objektivierenden Charakter in der sozialen Welt zu

---

[3] Die Kabylen sind eine Stammesgruppe meist seßhafter Ackerbauern im Norden Algeriens

haben und sind inkorporiert in einem Habitus präsent. BOURDIEU hierzu:

> „(...,) wo sie als ein universelles Prinzip des Sehens und Einteilens, als ein System von Wahrnehmungs-, Denk- und Handlungskategorien wirkt." (1997, S. 159) und weiter:
>
> „Das mythisch-rituelle System (...) steckt ebenso (...), in den zwischen den Geschlechtern instituierten sozialen Herrschafts- und Ausbeutungs- verhältnissen wie, in Form von Prinzipien der Vision und Division, in den Köpfen; was zur Folge hat, daß alle Gegenstände der Welt und alle Praktiken nach Unterscheidungen klassifiziert werden, die auf den Gegensatz von männlich und weiblich zurückgeführt werden können." (ebd., S. 160/161)

Nach BOURDIEU stehen Körper und Gesellschaft nicht in einem äusseren Gegensatz zueinander, sondern der menschliche Körper selbst schon bildet eine Einheit von Biologischem und Sozialem. Insofern gibt es keine vorsoziale Körperlichkeit und der Körper ist in hohem Maße Bedeutungsträger für Differenzierungen und Zuordnungen. Somit sind Somatisierungen der fundamentalen und für die soziale Ordnung konstitutiven Beziehungen, die in die Institution zweier unterschiedlicher „Naturen" führt, in die Köpfe implementiert. (vgl. ebd., S. 162) Dabei kann man sagen, dass Männlichkeit mehr praktiziert als gedacht wird. Die den Männern immanente Grammatik „kann Handlungen Form geben ohne selbst formuliert werden zu müssen." (BOURDIEU 1987, S. 43) Der Habitus ist sowohl vergeschlechtlicht als auch vergeschlechtlichend. Durch permanente Formierungsarbeit konstruiert die soziale Welt den Körper als vergeschlechtlichte Wirklichkeit und in eins als Speicher von vergeschlechtlichenden Wahrnehmungs- und Bewer- tungskategorien und Handlungsprogrammen, die zwangsläufig wiederum auf den Körper in seiner biologischen Realität angewendet werden müssen. (vgl. ebd.1997, S. 167) Der Mensch, respektive der Mann, ist also dahingehend sozialisiert und determiniert, dass sein Körper unentwegt und unaussprechlich den immanenten Imperativen einer sozialen Ordnung unterworfen ist. Erst durch Einteilungsprinzipien, verbunden mit Werten und Präferenzen, kann sich ein Körper selbst erst denken, ja wird erst das Biologische vergesellschaftet, gleichsam wird soziale Identität

erzeugt. Das praktische Erkennen-Anerkennen der „magischen"
Grenzen schliesst nach BOURDIEU (vgl. ebd., S. 171) selbst die
Möglichkeit einer Überschreitung per se aus, indem sie spontan in
den Bereich des Undenkbaren verwiesen wird. Ihm zufolge hat der
Habitus offensichtlich starke Beharrungskräfte, die sich nicht
einfach aufheben lassen. Anders formuliert inkarniert sich die
soziale Welt und ihre innewohnende sozialen Ordnung durch ihre
Produktion im Sinne einer Formung und Bildung durch Benennung,
Erziehung und Einprägung in einer biologischen Natur und wird so
zum Habitus. Der Habitus wäre somit ein konstitutives Schema,
sozusagen eine Matrix für Wahrnehmungen, Gedanken, Gefühle
und Handlungen. Die nächstliegende Konsequenz dieser
Betrachtung ist die Behauptung, dass dem biologischen aber sozial
attribuierten Körper letztlich ein politisierter Körper sein muss,
indem alle Praktiken auf die Einprägung von Haltungen und
Verhaltensweisen abzielen, „die eine Ethik, eine Politik und eine
Kosmologie enthalten." (ebd. S. 187)

2.1 Die Illusion und die soziale Genese der Libido dominandi

Das weibliche Ideal und dessen Charaktere sind Produkte des
Patriarchats.
Unbestritten der Tatsache, dass die Welt androzentrisch
ausgerichtet ist und man unsere abendländische Kultur eine
patriarchalische nennen kann, haben sich die Grenzen zwischen den
Geschlechtern verschoben, hierzu aber mehr in den folgenden
Kapiteln.
Nach BOURDIEU ist die fundamentale Formel der männlichen
illusio die Moral der Ehre.

Was nicht schwer auszumachen ist, ist die Tatsache, dass die sozial
gemachte Welt natürlich den Interessen der Männer perfekt
entspricht. Andererseits, wie das Bildmotiv am Beginn dieser Arbeit
zeigt, sind Männer auch durchaus als Gefangene der herrschenden
Vorstellungen zu sehen. Abgestellt wird hier auf die Pflicht, seine
Männlichkeit unter Beweis zu stellen und sie immer wieder neu zu
bestätigen.

„Der Mann..., wenn man ihn loben will, (es; S. B.) zu sagen genügt: „Das ist ein Mann" – ein Wesen, dessen Sein ein Sein-Sollen impliziert, das im Modus dessen, was sich fraglos von selbst versteht, auferlegt ist: Mann zu sein heißt, von vornherein in eine Position eingesetzt zu sein, die Befugnisse und Privilegien impliziert, aber auch Pflichten, und alle Verpflichtungen, die die Männlichkeit als Adel mit sich bringt." (ebd., S. 188)

Die Männer werden von Grund auf dahingehend erzogen, sich auf gesellschaftliche Herrschaftsspiele und deren Einsätze im Außen einzulassen, weil sie ja auch „naturgemäß" mit der *libido dominandi* ausgestattet sind und sie sich andererseits das „kindliche" Spiel an sich verwehren müssen; dies ist eine Paradoxie, die beispielsweise auch darin Ausdruck findet, wenn BOURDIEU von der „fanatischen Exaltierung männlicher Werte" spricht, die ihre düstere Ergänzung in den Ängsten und dem Mißtrauen findet, die Männer gegenüber Frauen haben, wegen der Gefahr, die sie für den männlichen „point d`honneur" darstellen. (vgl. ebd.)

Führen wir uns vor Augen, dass das Mann-Sein durch das „Aussen" bestimmt ist, was in gewisser Weise die konfrontative Bloßlegung des „Innen" verhindert, zu dem „Innen" der Zugang vielleicht gänzlich versperrt bleibt, verbindet sich mit dem „point d`honneur" vielleicht ebenso die Verantwortung für andere übernehmen zu wollen, was oft in Kontrolle umkippen kann. Vor diesem Hintergrund wird, so glaube ich, etwas von dem deutlich, wie nah Bedürftigkeit und Aggression/Gewalt bei Männern beieinander liegen können.

BOURDIEU bestimmt die *libido dominandi* als zentrales Element des männlichen Habitus, darunter versteht er den „Wunsch, die anderen Männer zu dominieren, und sekundär, als Instrument des symbolischen Kampfes, die Frauen." (ebd., S. 215)

Zugespitzt formuliert ADORNO (2001, S. 73):

„Die Gegensätze des starken Mannes und des folgsamen Jünglings verfließen in einer Ordnung, die das männliche Prinzip der Herrschaft rein durchsetzt. Indem es alle ohne Ausnahme, auch die vermeintlichen Subjekte, zu seinen Objekten macht, schlägt es in die totale Passivität, virtuell ins Weibliche um."

ADORNO hebt hier auf einen bestimmten Gestus der Männlichkeit ab. Alles was nicht männliche Attitüde, - die Verwegenheit des Rauchs und der Rasiercreme -, ist, sei zu verachten, obendrein die Frauen, die ja gerade dafür ihm zufliegen. Kein Lebendiger entspricht seinem imaginären Modell und ADORNO sieht im Habitus des Mannes eine latent unterdrückte Gewalt gegen vor allem sich selbst und enttarnt ihn als Sadismus, „jene Lüge aber ist keine andere, als daß verdrängte Homosexualität als einzig approbierte Gestalt des heterosexuellen auftritt." (ebd., S. 72) Und weiter: „Am Ende sind die tough guys die eigentlich Effeminierten, die der Weichlinge als ihrer Opfer bedürfen, um nicht zuzugestehen, daß sie ihnen gleichen." (ebd., S.73)

Die Ehre des Mannes ist somit Boden aller Pflichten gegen sich selbst, will man(n) in den eigenen Augen seiner Vorstellung vom Männlichen würdig bleiben und entsprechen. So bleibt der „Herrschende", das Patriarchat, in aller vorderster Front von sich selbst beherrscht. Und das Verblendete, das als natürlich Empfundene und Gegebene, sofern es nicht reflektiert wird und man sich selbst unablässig, scheinbar unsichtbar, an den status quo adaptiert an das Außen, wird für Natur gehalten und verschleiert das „Unmenschliche", ja im Grunde „Widernatürliche" und Nichtidentische. Somit ist jenes Spiel, - das Ringen um Haltung mit all seinen Appendizes, hineinragend bis in die entlegendsten Kapillare - ein Spiel um das Wahren einer Maskerade, einer Fassade, eines Scheins, der so sehr im Fleisch sitzt und allgegenwärtig ist, dass dieser als solcher schwer zu entlarven ist. Zwar verbündet dies, letzlich dieser Schein einen in die eigene Entfremdung zurückwirft, ein Widerstand aber nur dadurch ermöglicht wird, erkennt man den eigenen paralysierten Zustand des „ferngesteuert (W)werdens". Hierin liegt die reflexive Chance im Zeichen des jedem Menschen Immanenten des Nichtidentischen, den common sense zu denunzieren und sich gerade nicht von ihm leiten zu lassen.

BOURDIEU hebt darauf ab (1997, S. 206ff), dass Frauen, - als symbolische Instrumente behandelt werden und mithin dadurch auch im Kampffeld um die Verteilung und die Dominanz des symbolischen Kapitals stehen -, symbolisches Kapital und die durch Herstellung und Institution von Beziehungen soziales Kapital produzieren und reproduzieren. Wenn sie, wie lange Zeit und dies auch heute noch geschieht im Sinne von Schlechterstellung und Unterordnung, in die Welt des Privaten verwiesen werden – man sehe sich nur an, wie untergeordnet und niedrig geschätzt häusliche und familiäre Arbeit noch bewertet wird -, dann deshalb, weil sie als Instrumente einer Politik zu Mitteln werden, die die Reproduktion des sozialen und symbolischen Kapitals sicherstellen. Symbolisches Kapital meint alles das in die Darstellung nach Außen Dringende, wie Kosmetik, Kleidung, Auftreten, Wohnungseinrichtung, Wohngegend, Sprache, Nahrung, etc. all dies, was scheint, gefällt, präsentiert und repräsentiert und ästhetisiert. Zweifelsohne füllen diese Aufgaben die Frauen in der häuslichen Arbeitsteilung vorwiegend auch aus. So verwalten hauptsächlich Frauen das symbolische Kapital der Familie und verleihen ihm rituellen und zeremoniellen Charakter. BOURDIEU (ebd., S. 210) bezeichnet Frauen als die „privilegierten Agenten der Umwandlung des ökonomischen Kapitals in symbolisches Kapital."

2.2 Geschlecht und Klasse

Wie wir gesehen haben wird Geschlecht als Ordnungs- und Wahrnehmungsmuster in alltäglichen Praktiken beständig neu hervorgebracht und so die kulturellen Normen einer hierarchisierten Geschlechterordnung reproduziert. Das heisst, dass alles worüber wir zum Denken, Wahrnehmen, Fühlen und Handeln verfügen bereits geschlechtsstrukturiert ist.

Allerdings sei die Geschlechtssozialisation von der Sozialisation für eine soziale Position nicht zu trennen. (vgl. ebd., S. 222) Weiter hierzu betont BOURDIEU, dass das Geschlecht als fundamentale Dimension des Habitus erlernt wird, man aber immer gleichzeitig lernt Sohn eines Arbeiters oder Angestellten zu sein, Vater zu sein,

Ehemann zu sein. Für ihn ist die Klassensozialisation grundlegend, auch wenn diese bis ins letzte von der Geschlechtersozialisation beeinflußt wird. Was in der Sozialisation erworben wird, ist die geschlechtlich spezifizierte soziale Disposition für eine Position eben im sozialen Raum. Im folgenden Zitat hebt BOURDIEU auf die Variationsbreite zwischen den verschiedenen sozialen Klassen ab, die durchaus auch intuitives Verstehen weiblicher Erfahrung bei bestimmten Männern hervorbringt. Es gibt also nicht die eine Männlichkeit, die durchweg durch die Geschlechterposition bestimmt ist, sondern sie ist immer auch als Effekt sozialer Strukturierung – diese ist zweifelsohne vielschichtig und perfide - zu begreifen.

> „(...) man zwischen Männern, die aus einer beherrschten Klasse stammen, und Frauen immer wieder Affinitäten findet, (...) - Schwierigkeiten, in der Öffentlichkeit das Wort zu ergreifen, Schwierigkeiten in allen Situationen der Körperpräsentation (...). Diese Situationen sind für Personen mit niedriger sozialer Herkunft schwieriger als für Personen aus den oberen Klassen (...)." (ebd., S. 224)

Meines Erachtens wird hier der Fokus eindeutig - weiter als bezogen auf ein intuitives Verstehen - in eine weitere Dimension gelenkt, nämlich auf ein strukturelles habituelles „Schicksal", eines über den Besitz kulturellen Kapitals definierten sozialen Milieus. Hiernach wären männliche Ausdrucksformen und Spielarten, wie etwa ein etwas karikierbarer „Machismo", Galanterie oder Beschützertum, weniger eine Angelegenheit, einem zur Verfügung stehender frei fluktuierender Optionen, als vielmehr eine Differenz, verankert in unterschiedlichen Erfahrungsräumen.

Unter dem Begriff der Klasse gilt es aber auch eine allgemeine Lebenspraxis zu bezeichnen, die systematisch Szenarien der Konkurrenz schaffen, sich in einem praktischen Sinn in einem sozialen Feld beständig artikulieren und so auch durchaus als Ausdruck einer bejahenden Macht[4] in Praktiken im Symbolischen gesehen werden kann:

---

[4] Macht wird hier im Sinne Foucaults verstanden: affirmativ, den Körper eines jeden durchdringend, strategisch, antirepressiv, Lust verursachend, immanent. Auf seinen Machtbegriff werde ich später ausführlich eingehen.

„Wenn vom Klassenkampf die Rede ist, denkt man niemals an seine ganz alltäglichen Formen, an die rücksichtslose gegenseitige Verächtlichmachung, an die Arroganz, an die erdrückenden Prahlereien mit dem ‚Erfolg' der Kinder, mit den Ferien, mit den Autos oder mit anderen Prestigeobjekten, an verletzende Gleichgültigkeiten, an Beleidigungen usw.: Soziale Verarmung und Vorurteile – letztere sind die traurigsten aller sozialer Leidenschaften – werden in diesen alltäglichen Kämpfen geboren, in denen stets die Würde und die Selbstachtung der Menschen auf dem Spiel stehen." (BOURDIEU 1987, S. 18)

2.3 Connells Konzept „hegemonialer Männlichkeit"

Zweifellos setzt sich die Herrschaft des Männlichen nicht mehr mit jener Selbstverständlichkeit und Evidenz durch, wie es dies noch vor wenigen Jahrzehnten getan hat. Heute ist dies eher etwas, das man oder besser gesagt, wofür man sich verteidigen oder rechtfertigen muß. Die gesellschaftlichen Veränderungen greifen tief in die Bereiche der Repräsentationen hinein. Nach BOURDIEUs Auffassung (vgl. 1997, S. 216/217 u. 229/230) kann von einer wirklichen Umkehrung der sozialen Wirklichkeit aber so lange nicht die Rede sein, wie die Frauen in der Produktion und Reproduktion des symbolischen Kapitals weiterhin ihre zugewiesene Position einnehmen, was BOURDIEU als wahren Grund ihrer Statusinferiorität ansieht. Mithin wären mentale Dispositionen der Bewußtseine nur durch eine Umgestaltung der gesellschaftlichen Produktionsverhältnisse modifizierbar, was die bislang Dominierten in bezug auf die Herrschenden in keinen andere Position setzen würde, als in die eines Herrschenden. So gibt uns BOURDIEU hiermit einen letzten Anstoß, um mit CONNELLs Konzept den Faden weiter zu spinnen, darüber hinaus haben wir gesehen, dass BOURDIEU auf die unterschiedliche Machtteilhabe von Männern aus unterschiedlichen sozialen Klassen hinweist und auch darauf, dass diese unterschiedlichen Männlichkeiten dies auch zum Ausdruck bringen.

CONNELL (1987, S. 330-344) weist im besonderen darauf hin, dass in ein und demselben sozialen Kontext verschiedene Männlichkeitskonzepte konstruiert werden können. Das bedeutet, dass zusätzlich zur Hierarchie zwischen den Geschlechtern, die Geschlechterverhältnisse auch Strukturen von Dominanz, Ausgrenzung, Abwertung und Komplizenschaft zwischen Männern beinhalten. Die verschiedenen Männlichkeitsformen aber „einigen" sich in einem Machtverhältnis[5] gegenüber Frauen, sozusagen als „Koalition" gegenüber Frauen, die allen Männern in dieser Hinsicht eine Teilhabe an der hegemonialen Männlichkeit ermöglicht. Diesen männlichen Machtvorteil per se nennt CONNELL die *patriarchale Dividende*, betont wird somit eine doppelte Relation. Er versteht genauer unter hegemonialer Männlichkeit, eine in sozialen Praktiken konstruierte und sich verändernde, dominante Form von Männlichkeit, die sich sowohl über die Abwertung und Unterordnung von Frauen, als auch von untergeordneten Männlichkeiten (bspw. der Homosexualität, Schicht, Hautfarbe) konstituiert. Damit wird die hegemoniale Männlichkeit als eine symbolische Ressource zur Bestimmung von Männlichkeit fassbar, auf die sich untergeordnete Männlichkeiten beziehen müssen (vgl. MEUSER/BEHNKE 1998, S. 15/16), wollen sie sich selbst verorten, was an die Präsenz des Abgelehnten erinnert. MEUSER und BEHNKE (ebd.) begreifen „das Muster der hegemonialen Männlichkeit als generatives Prinzip des männlichen Geschlechtshabitus."

In Anlehnung an CARRIGAN, CONNELL und LEE (1985) (in ENGELFRIED 1997, S. 81-89) stellt diese heraus, dass hierarchische Männlichkeiten als Handlungsmuster innerhalb sozialer Beziehungen auf den drei Ebenen der Schicht, Hautfarbe und der Homosexualität/Heterosexualität konstruiert und strukturiert werden. ENGELFRIED (vgl. ebd.) legt dar, dass diese drei Kategorien um der Komplexität gerecht zu werden, notwendigerweise durch die Analyse der Generationenhierarchie, die

---

[5] Macht soll hier zunächst, bis zur Philosophie Foucaults, im Sinne von Max Weber verstanden werden als „jede Chance, innerhalb einer sozialen Beziehung den eigenen Willen auch gegen Widerstreben durchzusetzen, gleichwohl worauf diese Chance beruht." (Weber 1956, S. 28) Macht ist also eine mindestens zweiseitige Beziehung, in der die Ausübung von Macht sich nicht nur auf Machthandlungen selbst bezieht, sondern allein die Möglichkeit zu solchen Handlungen wird berücksichtigt.

ihrerseits Abhängigkeiten, Machtverhältnisse und Hierarchien entstehen lassen, ergänzt werden müssen. Dies lenkt den Blick auf das Verhältnis älterer Männer zu Jüngeren und schließlich auch auf Vater-Sohn-Beziehungen. So nehmen Männer unterschiedlicher Generationen unterschiedliche Muster männlicher Sozialisation wahr und es gilt unterschiedliche, hierarchische Männlichkeiten im psychischen und sozialen Raum zu integrieren, schließlich lassen sich im Zuge einer Pluralisierung der Lebensformen keine Uniformierungen aufrechterhalten und die Chancen eine andere Männlichkeit zu leben steigen. Dies führt durchaus dazu, dass es Orientierungsschwierigkeiten gibt.

Alles in allem können wir im Nebeneinander von BOURDIEU und CONNELL sehen, dass Männlichkeit in den Strukturen der Geschlechterordnung lokalisiert ist und von auf den Folien der Körper eingeschriebenen Habitualisierungen ausgehen, diese aber vielgestaltig und different und im wesentlichen auch von der Klassenstruktur determiniert sind.

Eine bestimmte Form von Männlichkeiten aber gibt es immer nur im jeweiligen kulturellen Kontext und es bilden sich im Laufe der Zeit und Historie beständig Transformationen heraus. Die Bedingungen der männlichen Hegemonie sind durch den weltweit erstarkten Feminismus und neuerer Formen kapitalistischer Ökonomie verändert. Die oben angesprochenen Veränderungen im Bereich der Repräsentation zeigen sich etwa durch die gestiegene Bildungsbeteiligung und im Zugang zur Erwerbsarbeit von Frauen und damit zur öffentlichen Sphäre. Die Frauen sind nicht mehr nur fixiert auf das „Innen", sie partizipieren am männlichen Habitus der Dominanz im „Aussen", können dabei aber zusätzlich die „weibliche Natur- und Beziehungskarte" ziehen. (BÖHNISCH in BRÜCKNER 2001, S. 85) Der männliche Habitus hingegen versus der neuen weiblichen Hegemonialität entwickele sich zwiespältig, „schwankt zwischen der Geschlechterkonkurrenz, Verständigungsausdruck und gebliebener aber zurückgehaltener Spekulation auf die patriarchale Dividende." (ebd.) Ich möchte sogar behaupten, dass viele Frauen im (familiären) Binnenraum der Beziehungen über grosse Beziehungsmacht verfügen. Es ist glaube ich nicht selten anzutreffen und zu beobachten, dass Frauen in Beziehungen führen und dominante Positionen einnehmen. Es ist auch kein Novum, dass durch zunehmende Automatisierungsprozesse und durch den modernen Kapitalismus schlechthin der Produktionssektor immer weniger mit der Ressource Arbeitskraft auskommt und im Gegenzug der Dienstleistungssektor und die Administration beständig wächst. Natürlich hat sich hierdurch auch das Anforderungsprofil an den modernen Arbeitnehmer verändert. Parameter wie

körperliche Kraft, Durchsetzungsvermögen und Rationalität haben sich in der Nachfrage an das Medium Arbeitskraft verschoben hin zu Eigenschaften der Empathie, gutes Zuhören, Kooperation, der Team- und Kompromißfähigkeit, allesamt Fähigkeiten, die traditionell eher Frauen zugesprochen werden.

Ich möchte behaupten, dass es heute für Frauen möglich ist die Position einer hegemonialen Weiblichkeit einzunehmen, die als Pendant zu männlichen Hegemonie verstanden werden kann. Hierbei geht es lediglich noch um das Bekleiden einer hegemonialen Position, - die dann das Prinzip der Differenz bestimmt, - in der das Geschlecht in Bereichen in den Hintergrund treten kann, wo die patriarchale Geschlechterhierarchie diffundiert ist, eine Position in der die Frau vermeintlich männliche Dispositionen, wie das Einsetzen der Ellbogen und auch das an den Tag legen einer gewissen Skrupellosigkeit und Gefühllosigkeit – dies kann man gelegentlich im wirtschaftlichen Sektor finden – ausagiert, wenn man so will, im Gegenzug der „Verweiblichung" der männlichen Welt eine „Vermännlichung" der weiblichen Welt konstatiert werden kann. Der Beginn vom Ende einer Dichotomisierung? CONNELL (1999) stellt dar, dass nicht mehr die hegemoniale Männlichkeit das Strukturprinzip der Vergesellschaftung des modernen Mannes ist, sondern vielmehr das Strukturprinzip der Externalisierung, - das im übrigen auch Frauen drängt -, welches diesem der männlichen Hegemonie übergeordnet ist. Wenn nun aber die männliche Hegemonie nicht mehr oberstes Prinzip ist, in welche Bereiche entschlüpft dann die der Externalisierung untergeordnete männliche Hegemonie, - ins Private? CONNELL beschreibt die Entsäulung und Pluralisierung von Männlichkeit vor dem Hintergrund der Modernisierung und behauptet (vgl. ebd., S. 92), dass dieser kulturelle Prozeß sich über die ökonomischen Strukturen lege. M. E. ist das anzuzweifeln, denn ich denke dass Ökonomie und gesellschaftlicher Wandel ein siamesischer Zwilling sind - und geht einher mit den Veränderungsprozessen der Produktions- und Dienstleistungsapparatur in kapitaleigener Logik des Profits und letzterer wird forciert im Verbund mit gesellschaftlichen Bewegungen -, dessen Hauptschlagader an der Trennlinie verläuft. Aber selbst wenn etwa die Frauenbewegung weniger offensiv gewesen wäre - und fraglos war es eminent wichtig für die Frauen, sich Rechte zu erstreiten und auf Gleichberechtigung zu pochen -, würden wir wahrscheinlich zu den gleichen tendenziell entstrukturierenden Bedingungen im Geschlechterverhältnis vordringen, die wir heute vorfinden, gerade weil die Ökonomie[6] mit ihrem modernen Anforderungsprofil an den Arbeitnehmer und als Abnehmer auf die Masse und den Konsum zielt, vor nichts halt macht und das Prinzip der Externalisierung in die Hände des einzelnen Subjekts legen muss. Will sagen, daß im Gewand der Frauenbewegung im Grunde nur das Ausdruck fand und findet, was die allgemeine Ökonomie des Kapitalismus vor dem Hintergrund biopolitischer Konsequenzen für die Bevölkerung erlaubt und zugestanden haben.

---

[6] Der Begriff der „allgemeinen" Ökonomie soll hier und im weiteren in Anlehnung an Georges Bataille begriffen werden. Bataille geht von einer Dezentrierung der Ökonomie aus, die in erster Linie eine „Ökonomie des Universums" ist, infolge derer das ganze Leben und die menschliche Ökonomie, denn sie ragt in alles hinein, überhaupt erst ermöglicht werden. Die überschüssige Energie, die nicht mehr dem Wachstum von Produktionsprozessen einer der „beschränkten" Ökonomie zugeführt werden kann, ist das bestimmende Moment der Überflusses. Das Paradoxon der allgemeinen Ökonomie ist aber, daß diese inmitten ihrer „Verschwendung" des Überflusses, der sich ja nur dadurch als solcher ausweist, wenn er überschüssig verschwendet wird, in ihrer Verschwendung auf die Verschwendung zurückbezogen bleibt, und sich so als Ökonomie affirmiert. Ihre logische Struktur ist die der Disjunktion, in dem Sinn, daß Produktion und Verschwendung aufeinander bezogen sind, sich aber gegenseitig ausstossen. In der gegenwärtigen Zeit allerdings ist die ausgestossene Verschwendung eine, die uns unaufhörlich zum Gipfel führt und kein Ende kennt. Die Überfülle an Energie, hiermit ist nicht die Arbeitskraft als Ort gemeint, zwar dort vergegenständlicht aber nicht dort aufgehend, führt in den Wohlstand der breiten Masse und in eine Konsumtion des nutzlos vergeudet werden Müssens dieser Energie (bspw. der Sexualität in den Medien). (vgl. Bergfleth 1985, S. 32-47)

„Diese Bio-Macht war gewiß ein unerläßliches Element bei der Entwicklung des Kapitalismus. (...) Aber er hat noch mehr verlangt: das Wachsen der Körper und der Bevölkerung, ihre Stärkung wie auch ihre Nutzbarkeit und Gelehrigkeit; er brauchte (und braucht; S. B.) Machtmethoden, die geeignet waren (sind; S. B.), die Kräfte, die Fähigkeiten, das Leben im ganzen zu steigern, ohne deren Unterwerfung zu erschweren." (FOUCAULT 1983, S. 136)

Somit versklavt der „humanistische" Kapitalismus und seine Kultur selbst zur wünschenswerten und anzustrebenden Gleichberechtigung, nur merkt keiner, dass man sich, tritt dies auch in positivem Gewand auf, immer mehr verliert. Jeder wird überall gebraucht als Kunde. Und in dem Maße wie weniger auf das bereits verstellt „Menschliche", das ja im Humanismus jedem zusteht, beharrt werden muss, desto mehr gerät „das Menschliche" aus dem Blick, steigt das Repertoire an Maskierungen, entschwindet in einen abendländischen Teich glitschiger Fische. Kommt so der Mann, der Mensch schlechthin, näher zu sich, oder verschleiert schlechterdings der (schlechte) Pluralismus und Individualismus eine andere Art von Uniformität, die des Massenhaften, weil das Substantielle, - denn das eine ist so gut wie das andere -, das Gleiche ist, in der sich aber Nuancen nunmehr verlieren, wie uns u. a. FOUCAULT zeigt, alles zur Oberfläche wird, das Konfrontative oder Idiosynkratische irgendwie kaum mehr ertragen und gelebt werden kann. Parallel, um diese Aussage zu stützen, mag man sich nur ansehen, wie die ganze Alltagswelt ästhetisiert und konsumeristisch im Schönen wandelt, das Verformte und Häßliche keine Daseinsberechtigung mehr zu haben scheint, keine Wahrheit besitzt. Wenn sich die Menschen nur in dem Schein des Schönen bewegen, ihre Subjektivitäten orchestral inszenieren – das ist Ideologie -, kommt man nicht an den Elementen falscher Subjektivität, der Egoismen und der Täuschungen vorbei.

„Das Unrecht, das dem Individuum widerfährt, war in der Konkurrenzphase dessen eigenes Prinzip. Das bezieht sich aber nicht nur auf die Funktion des Einzelnen und seiner partikularen Interessen in der Gesellschaft, sondern auch auf die innere Zusammensetzung von Individualität selber. In ihrem Zeichen stand die Tendenz zur Emanzipation des Menschen, aber sie ist zugleich das Resultat eben jener

Mechanismen, von denen es die Menschheit zu emanzipieren gilt."
(HORKHEIMER/ADORNO 2002, S. 257)

Dennoch verbergen die sichtbaren Veränderungen Kontinuitäten in einer Schlechterstellung der Frau im Bereich der Hierarchie, Einkommen und Position, dass also Frauen in der Regel stets weiter unten stehen. Auch die „Herrschaftspositionen", die sie immer zahlreicher einnehmen, sind wesentlich im untergeordneten umkämpften Feld der Macht, „d. h. im Bereich der Produktion und Zirkulation der symbolischen Güter (wie dem Verlagswesen, dem Journalismus, den Medien, dem Unterrichtswesen usf.) angesiedelt." (BOURDIEU 1997, S. 227) Um nun aber ein vollständigeres oder genaueres Bild von den heutigen Bedingungen des Mann-Seins zu bekommen, denke ich ist es wichtig, auf dem Boden des Vorangestellten einige Aspekte zur männlichen Sozialisation im 21. Jahrhundert zusammen zu fassen. Es gilt sich auf die Suche zu machen nach einem Begriff für die heutige Gesellschaft, in der Männlichkeit hervorgebracht wird.

VII   Männlichkeit im Bild der reflexiven Modernisierung

Während ausgangs des 17. Jahrhunderts die Modernisierung die ständisch strukturierte Agrargesellschaft zunehmend auflöst und eine Industriegesellschaft provoziert, entsteht auf dem Boden der strukturellen Grundlage der Industriegesellschaft – ungefähr datiert seit den Siebziger Jahren - eine zweite Moderne, also eine weitergehende Modernisierung des Bestehenden. (vgl. HOFFMANN 1998, S.29)

Diese zweite Moderne als gesellschaftlicher Typus entsteht genau dann, wenn die Errungenschaften der Industriegesellschaft in Frage gestellt und aufgelöst werden, was ehedem als Basis des Modernisierungsprozesses galt. Der Modus hierzu kann als Theorem der „reflexiven Modernisierung" gefasst werden. Reflexiv deswegen, weil auf den Effekt und die Transformation abgestellt wird. Hierunter kann man etwa religiöse Weltbilder, Lebens- und Arbeitsformen in Familie und Beruf, das Wissenschafts- und Technikverständnis, aber auch das Verhältnis der Geschlechter fassen. (vgl. ebd. S. 27-30) „Der Begriff der reflexiven Modernisierung meint also (...) nicht Reflexion, er rekurriert auf die Selbstkonfrontation der sich in Modernisierung befindlichen Gesellschaft mit ihren eigenen Prämissen, nämlich einer Dynamik, die keine Heiligtümer kennt." (ebd., S. 29) BECK (1986, S. 25) formuliert treffend, daß die „Quellen der Gewißheit (...) verändert werden."

1   Individualisierung und Pluralisierung

Nach BECK (ebd., S. 211/212) meint Individualisierung ein Prozess der Herauslösung aus traditionell vorgegebenen Sozialformen und sozialen Bindungen hin zu einer neuen Art sozialer Einbindung. Der Einzelne wird zwar mehr zum Gestalter seines Lebens, denn er hat mehr Wahlmöglichkeiten und die persönlichen Handlungsspielräume vergrößern sich, dafür werden aber Zwänge und Kontrollen sekundärer Instanzen und Institutionen eingetauscht. Diese setzen sich in Bewußtseinsform durch und prägen hinsichtlich

Trends, Märkten, Konjunkturen, Verhältnissen und Identifikationen. De facto ist die „Lesbarkeit" des Lebens schwieriger geworden. Die Pluralisierung von akzeptablen Lebensformen ist zweifelsohne eine moderne Sozialisationsbedingung. Das was der Einzelne von seinem Leben erwarten konnte, war vor 30-40 Jahren im Grunde relativ klar abgesteckt. Im beginnenden 21. Jahrhundert aber, sind Kinder und Jugendliche weitgehend von tradierten Vorgaben des Lebens entbunden. Dies schafft zum einen größere Spielräume in Bereichen des Möglichen, andererseits aber ein ungeheures persönliches Risiko und potentielle Orientierungsschwierigkeiten. Kinder erleben häufig auch schon früh, dass Beziehungen nichts Dauerhaftes und Stabiles sind. Das Angebot an Identifikationsschablonen ist zahlreich, es gibt eine Vielzahl an Orientierungsangeboten und Leitbildern gerade in den Medien, und vor allem werden einem – dies gilt für zukünftige Arbeitsprozesse vermutlich noch mehr als für heutige – Flexibilität und Mobilität abverlangt. Die zweite Moderne hat universalere Prinzipien und führt in eine individualisierte Existenzführung mit veränderbaren Lebensentwürfen und Unsicherheiten. Dennoch gilt anzumerken, dass die Individualisierungsprozesse in den unterschiedlichen Milieus verschiedenartig verlaufen und tendenziell nicht deckungsgleich sind. Ein eigenartiger Geschmack beim Begriff der Individualisierung bleibt bestehen. Zwar merkt BECK die Janusköpfigkeit durchaus an, dennoch täuscht der Begriff „Individualisierung" genau das vor, was ein Trugschluß ist. Das Individuum zerfällt zusehends und das Individuelle ist das Allgemeine der Masse. Das Subjekt kann sich nur in einem ökonomischen und kulturindustriell erzeugten Willen denken. Auf der anderen Seite ist da der sich selbst überlassene Mensch in einer Gesellschaft, in der sich Regeln und Konventionen aufweichen, der Mensch dadurch gezwungen ist, sich selber zu problematisieren und einen Weg zu finden, aus der Problematisierung herauszukommen.

HOFFMANN (vgl. ebd., S. 34-39) konstatiert, dass die patriarchalische Männlichkeit als geschlechtlicher Fix- und Orientierungspunkt am Übergang der Modernen weitestgehend verschwunden sind. Hierfür macht er kausal insbesondere die Frauen-, die Männer- und Schwulenbewegung aus. Die Geschlechterhierarchisierung bzw. der Sexismus, so HOFFMANN, verschwinde aus der männlichen Identität, ebenso die darin enthaltenen männlichen Stereotype und die Orientierung am patriarchal-autoritären Familienverbund.

Die tradierte Geschlechtsidentität ist heute negativ konnotiert und bewertet, das Arrangement zwischen den Geschlechtern soll ein zunehmend partnerschaftliches sein. Auszumachen ist zumindest für den zwischenmenschlichen Bereich, dass die herkömmlichen Figuren, bspw. wer führt und wer geführt wird, variieren kann und Alltagspraktiken, Obliegenheiten und die Organisation in Beziehungen zunehmend individuell auszuhandeln sind, dies zum einen Konfliktpotential verursacht, zum anderen aber Männer und Frauen dazu nötigt sich von sich selbst ein neues Begriff zu machen und letztlich darauf hinweist, dass es geschlechtliche Orientierungs-schwierigkeiten gibt. BECK-GERNSHEIM (1990, S. 36) betont, dass an den Themen und Konflikten zwischen Männern und Frauen eine gesellschaftliche Struktur im Privaten zerbricht. HOFFMANN (vgl. ebd.) betont im weiteren, dass die Berufsstruktur und das Arbeitsmarktsystem den veränderten Bedingungen hinterher-hinken. Die Struktur des Arbeitsmarktes kommt den Frauen kaum entgegen. Für HOFFMANN bedeutet die Berufsstruktur die Ursache für öffentliche und private Ungleichheit.

> „Man leidet nicht mehr am Patriarchat, sondern am Widerspruch zwischen lebensweltlich verankerten Strukturen des Geschlechterver-hältnisses und den damit nicht übereinstimmenden Strukturen des Systems." (ebd., S. 38)

Geachtet aller gesellschaftlichen Transformationen in den letzten dreißig Jahren, verkennt HOFFMANN hier die Persistenz des beiderseitig Habituellen und die hegemoniale Struktur in ihrer Brisanz und Widersprüchlichkeit im Privaten an sich. Denn dieser ist subtil und perfide genug in Nischen zu sitzen und gerade im Zwischenmenschlichen sich zu artikulieren, eben in Gesten, Haltungen und Denkmustern und so seinen Ausdruck in Konfrontationen findet. Sie sind es zwar, die einerseits in Frage stehen und somit disponibel sind, aber nicht in einem Sinne der die Gewänder nach Belieben wechseln lässt. Somit entkommt man dem

Habituellen nicht mit einem einfachen „Nein" oder einem Kompromiss, zwar eröffnet die Kultur in der Zeit neue Perspektiven und Transformationen im Individuellen, die hier im Zitat makrosoziologisch zutreffen und hierin zitierten Widerspruch bestätigen mag, jedoch das Subjekt aus dem Auge verliert und verschleiert, wie gerade im Zwischenmenschlichen die Hegemonie als Motiv ihren festen Platz hat und der den Widerspruch zwischen dem tiefsitzenden Habituellen und der Lebenswelt nicht erkennt. Dieses Zitat wird auch vielen klassenspezifischen Milieus nicht ganz gerecht und mag auch makrosoziologisch hauptsächlich auf das Bildungsbürgertum zutreffen, das HOFFMANN vermutlich nur im Blick hat. Darüber hinaus lassen sich durchaus auch Unterschiede in den Einstellungen und letztlich den Lebensweisen zwischen städtischen und ländlichen Gebieten feststellen.

Aber es ist wahr, dass Bedürfnis und Bedingung, lebensweltiche Bezüge und die Strukturen des Systems divergieren. Die Industriegesellschaft mit ihrer Arbeitsteilung und Produktions-abläufen war auf die Einbindung der Frau in die Hausarbeit und Ehe (Familien-) versorgung angewiesen. Es sind in der Überzahl Frauen, die mit zusätzlicher Familienarbeit belastet werden, diese ist leider schon immer deklassiert und minderwertig, - und der Wunsch von vielen ist es auch, ihr Kind zu versorgen -, auch wenn es sich Männer nicht mehr nehmen lassen, sich an der affektiven Versorgung der Kinder zu beteiligen. Aber nach wie vor scheinen gerade Aufstiegs- und Karrieremuster traditionell darin verhaftet zu sein, dies im Hinblick auf eine ausgeübte Teilzeitbeschäftigung zu verunmöglichen. Außerdem finden sich Frauen am häufigsten nur in Leitungspositionen in Bereichen der untergeordneten Macht.

Darüber hinaus ist die Versorgung mit Betreuungsmöglichkeiten defizitär und nicht zuletzt machen ungünstige Kindergarten-öffnungszeiten (häufig von 8-12 Uhr) selbst eine angestrebte Halbtagsarbeit schwierig praktikabel. Als letztes hier anzumer-kendes Beispiel ist die schwere Vereinbarkeit der betrieblichen Arbeitszeitbedingungen mit einer gleichzeitig zufriedenstellenden Erfüllung familiärer Aufgaben. Frauen wollen und müssen Mutterschaft und Beruf (oder Karriere) vereinbaren, andernfalls sinken ihre Chancen auf dem Arbeitsmarkt erheblich. Viele Frauen verzichten ja auch bewusst gänzlich auf eine Mutterschaft. Dies mag daran liegen, dass Kinder weniger aus Versorgungsgründen als vielmehr aus Selbstverwirklichungstendenzen heraus geboren werden und auch hier sind die Optionen offen, wie man sich verwirklichen möchte. Die veränderten Begebenheiten in der gesellschaftlichen Struktur haben die Konsequenz für die Männer, dass insbesondere im Erwerbsleben mehr Konkurrenz besteht, aber auch in anderen Bereichen den Lebens mehr verzichtet und mehr konsensuell denn selbstverständlich errungen werden muss. Auch die Pflichten und Anforderungen in das Aufziehen der Kinder ist gewachsen. Prämisse ist die optimale Förderung und der bemerkenswerte Druck „gute" Eltern zu sein. Die Fülle an Verständigungsliteratur ist erdrückend. Aber auch die Partnerschaften und das familiäre Leben wird insgesamt vielleicht schwieriger praktikabel. Dieser Frage soll im Folgenden nach-gegangen werden.

2   Intime Beziehungen

Der Anspruch an die Qualität einer Paarbeziehung ist enorm gestiegen. Diese Ansprüche artikulieren sich beiderseits. Dort wo äussere Vorgaben und gesellschaftliche, rechtliche und materielle Zwänge entfallen, wie und ob man zusammenzuleben hat, müssen Regeln und Verbindlichkeiten individuell ausgehandelt werden und müssen sogleich auch revidierbar sein. Die Option auf Trennung ist immer offen, weil der Grund für die Liebe nur noch in ihr selbst liegen kann. Im Anschluss hieran möchte ich eine Perspektive eröffnen, die einen systemtheoretischen Zugang zu Liebes-beziehungen ermöglicht, die vielleicht diese Ausführungen verdeutlichen kann und zugleich einen Fokus auf deren Bedeutung für beide Geschlechter lenkt.

Zu begreifen sind Intimsysteme in ihrer Konstruiertheit als potentielle Vorform von Familiensystemen. Anders als noch in der Vormoderne, und das hat wie wir im weiteren sehen werden seine eigene Prägnanz, ist heute eine Kontiniutät im Übergang von Intim-

zu Familiensystem obligat. Systemtheoretisch lassen sich Intimsysteme als Zusammenhang spezifizierter Kommunikation verstehen, die sogleich damit ihre Systemgrenze ziehen.

BRECHT formulierte in allgemeinen Bezügen einmal: Die Mühen der Berge liegen hinter uns/Vor uns liegen die Mühen der Ebenen. Wie ja feststellbar ist, haben moderne Liebesvorstellungen einen hohen Anspruch an Absolutheit und Exklusivität. Es herrscht die Idee vor, dass sich zwei Menschen gegenseitig vollständig berücksichtigen und einander vollständig zugänglich sind. Man will gegenseitig Wünsche und Sehnsüchte erfühlen und erfüllen, woraus man schliessen kann, dass das Verhalten des Anderen gegenseitig als Handeln ausgelegt werden können muss. (FUCHS 1999, S. 31) Nach der sozialen Vorschrift, dass sich alles gesagt werden soll, wird genau dort der Moment des Verschweigens errichtet, denn die romantische Codierung der Liebe schreibt die Tolerierung und das ausser Acht lassen von Idiosynkrasien vor (vgl. ebd., S. 76) Das Intimsystem ist bestimmt auf das „Wir". Das Geschehen zwischen zwei Menschen ist zwar ein hochindividuelles, aber die Schemata, die Schablonen für Beziehungsmuster hingegen ähneln sich sehr, da sie auch aus der sozialen Sphäre heraus als soziale Form des Liebens erlernt werden. Denn es ist klar abgesteckt, wie sich Liebe anfühlen, artikulieren und man sie leben muss. Nach FUCHS (vgl. ebd., S. 71-78) sind Intimsysteme äusserst fragil, weil der Anspruch an die vollständige Berücksichtigung des Anderen tatsächlich nicht gelingen kann, die Formvorschriften des Liebens hingegen sind ungeheuer attraktiv und stabil.

Die Bestimmtheit auf die Zweisamkeit muss, sobald aus einem Intimsystem ein Familiensystem wird, verlassen werden. Die Systemgrenze wird demzufolge erweitert, denn in der Familie geht es um die vollständige Berücksichtigung und Betreuung von nun mehreren Personen. Als Folge des Verlusts der Zweisamkeit wird die Form des Liebens verändert, von romantischer hin zu obligatorischer Liebe, was hinsichtlich der zuvor starken romantischen Codierung gerade an diesem Übergang häufig zu scheitern beginnt. Wo also die Liebe und die Gefühle enden, da endet auch die Beziehung. Da auch in der Familie die Bestimmung auf dem „Wir" liegt, verpflichtet diese, dass familienexterne Interessen abgefragt, diskutiert und bewertet werden. Dies birgt wiederum den Zwang zum Verschweigen in sich. Die Kommunikation in der Familie sucht ständig Affekte und Emotionen auf und thematisiert diese; in der Enthemmung der Kommunikation findet die obligatorische Liebe ihr strukturelles Korrelat. Nach LUHMANN (1985, S. 48) ist aber die Aufgabe jedes einzelnen Systems die Reduzierung von Komplexität. So ist auch die Familie nur über Auslassungen, Routinen und Aussparungen nur möglich.

Ich denke es konnte hierin eine strukturelle Bedingung aufgezeigt werden, wo die Prämissen deutlicher wurden, was Liebesbeziehungen „aushalten" und bedeuten müssen, zeigt aber nicht die Fragilität eines Phantasmas und Verheißung im Privaten gegenüber einer verlogenen Scheinwelt, in der das authentisch Menschliche immer weniger Platz findet, man selbst „verwaltet" wird, ja in der der Mensch selbst letztlich immer mehr verroht und alles Zarte abgeschnitten wird.

„Fun ist ein Stahlbad. Die Vergnügungsindustrie verordnet es unablässig. Lachen in ihr wird zum Instrument des Betrugs am Glück." (HORKHEIMER/ADORNO 2002, S. 149) Dem Menschen wird vorgezaubert, dass er nicht nur im schönen Schein, sondern im schönen Schein auch sicher leben kann. Der Mensch selbst aber wird ersetzbar, verliert sein Gesicht, wird zur blossen Fläche einer Kulturindustrie die am Menschen nur als Kunde und Arbeitnehmer interessiert ist. Aber selbst wenn die Liebe phantasmatisch das „Gegen" zu allem Äusserlichen ideologisch darstellen muss, so verfängt sich der moderne Mensch selbst hier unmerklich in den Fängen der Ökonomie als Substrat dessen und kann die Hüllen und Formen einer vorbestimmten, selbst von Marktgesetzen durchzogenen Liebesökonomie nicht abstreifen und gleichsam in einen kalküllosen Raum der Deformation und des Unklassifizierbaren eintreten, weil er sich nur hierin, in den Bereichen des Intelligiblen, aber nur scheinbar furchtlos, bewegen kann. Die kapitalistisch ökonomische Prägung in ihrer Durchdrungenheit im Subjektiven schliesst reaktionär das Private selbstverständlich mit ein und auch hier gilt die implizite Formel der Kosten-Nutzen-Relationen.

VIII   Selbstliebe – Intensitäten - Körperästhetik

1   Von der Selbstliebe

Ein literarisches Beispiel soll Aufschluss darüber geben, beziehungs-
weise helfen eine Plastizität zu gewinnen, wo wir eine Aussage
darüber treffen können, wie der Mensch (Mann) zur Selbstliebe
befähigt ist und dabei eine narzißtische Grundstruktur des im
menschlich Immanenten aufgezeigt werden kann.

Die Rede soll sein vom gespaltenen Narziß. Narziß will an der
Quelle seinen Durst von der Jagd löschen und bückt sich. OVID
beschreibt in seinen Metamorphosen (1986) die Schönheit des sich
Spiegelnden und versieht es mit den Attributen höchster Schönheit.
Er beschreibt aber nur das Spiegelbild, nicht Narziß selbst und so
wird klar wie sich Narziß in dieses Bild verlieben konnte. Indem er
sich zum Trinken bückt, versucht er dem Wesen nahe zu sein, das er
liebt. Das verliebte Schauen wird von Begierde abgelöst. Narziß ist
also das Subjekt von dem die Liebe ausgeht und gleichzeitig das
begehrte Objekt, auf das die Liebe abzielt. (vgl. S. 73-74; vv. 425-431)
Narziß sieht zwar, aber sein verliebtes Sehen ist organischer Art, das
nur bis zu den Augen vordringt; er sieht den Schein aber nicht das
Wesen. „Wie oft naht er umsonst mit Küssen dem trügenden
Borne!" (ebd., v. 427) Narziß versucht das Bild zu greifen und es
entschwindet ihm, weil es nur ein Reflex ist, keine Existenz im
Raum besitzt und verschwindet, sobald Narziß sich von ihm
abwendet. Narziß ist zunächst befangen in der Täuschung und dies
drängt nach Aufklärung. Er erkennt, dass er sein Spiegelbild vor
sich hat und dass der geliebte Mensch, sein alter ego im Spiegel
nicht sein kann, folglich in sich selbst. Narziß ist ratlos. (vgl. ebd.,
vv. 463-466) Solange das Liebesobjekt noch ein „Anderer" war, gab
es ein konkretes Ziel, nun scheint seine Liebe unerfüllbar. Es scheint
keine Lösung zu geben. Der Spiegel verwandelt das Ich in ein
Objekt der Außenwelt (vgl. FRISCH) und selbst in sich kann Narziß
den „Anderen" nicht berühren und tränen trüben das Wasser. (vgl.
1986, S. 75; v. 474)   Nun entschwindet auch noch der Anblick.
Narziß´ Tod ist besiegelt, wie dies der Spruch des Sehers Tiresias

prophezeite. Das Ironische aber ist, Narziß beklagt den sich spiegelnden alter ego und Echo verwendet dieselben Worte, um ihn zu bedauern. So wird Narziß, der nur sich liebte, bei seinem eigenen Tod noch von seinen eigenen Worten bedauert.

Am Ort des Todes bleibt eine Narzisse[7] stehen und ist zu einem Bestandteil der Natur geworden.

Was sagt uns diese Sage aus einer pathetisch mythischen Welt nun? Dass man in vorderster Linie sich selbst liebt, sich aber nicht besitzen kann? Ich denke es ist mehr. Die Quelle als schicksalhafter Ort der Erkenntnis bezeugt, dass die Quelle zunächst der Ort der Fremdansprache ist. Nach Narziß´ Erkenntnis aber, dass der „Andere" in ihm ist, ist die Quelle der Ort der Reflexion und vor allem der Selbstansprache. Für Narziß hat dies fatale Konsequenzen. Wir sind dahingehend davon abhängig vom „Anderen" geliebt zu werden. Sich selbst im Bild des „Anderen" zu lieben oder lieben zu können, fördert mithin eine Selbstakzeptanz, die kein Mensch aus sich heraus erbringen kann. Man braucht also Nahrung von Aussen, um sich lieben und sich seiner selbst vergewissern zu können, gegebenenfalls aber auch den Selbstbetrug aufrechterhalten zu können. Die Erkenntnis aber, dass man für Trugbilder geliebt werden kann und partikular wird, die aus, um im Begriff zu bleiben, dem Narzißmus jedes Einzelnen entspringen vor dem Hintergrund was jeder für sich braucht und sich selbst nicht geben kann, reisst den Graben auf, hinterlässt einen Eindruck für gar nicht mal unbedingt bewußte Motivationen hinter Gefühlen und Absichten und spaltet den „Geliebten", wie jeder „Liebende" gespalten ist. Ein Beispiel hierfür ist vielleicht, die nie ganz selbstlose Liebe der Eltern für ihre Kinder. Wenn man ehrlich ist, ertappt man sich immer mal dabei, irgendwas bestimmtes für seine Kinder zu wollen oder auch nicht zu wollen, um sich letztlich vielleicht auch selbst besser in seinen Kindern liebkosen zu können. Aber noch einmal zurück zu den Motiven, das Selbst zu verschleiern und dadurch aufrechtzuerhalten; ich erinnere an die

---

[7] Der Symbolgehalt des zur Natur gewordenen Narziß, dessen Wesen als rot-weiße Narzisse erscheint, verkörpert Schönheit und Jugend, sogleich aber Trauer und Schmerz. Am Anfang und am Ende steht die Natur und dazwischen der ephemere Auftritt des Menschen, der in dieser Hilarität erscheint.

Parallelen zum Nichtidentischen. Am folgenden Beispiel zeigt sich die Paradoxie, wie „deine Schwäche" zu „meiner Stärke" in „deinem" Angesicht wird, die eigentlich „meine Schwäche" war:

> „Sie traute sich offenbar nicht zu, einem wirklichen und freien Mann genügen zu können, so daß er bei ihr bliebe. Man hat den Eindruck, daß auch Stiller sich an ihre Schwäche klammerte; eine andere Frau, eine gesunde, hätte Kraft von ihm verlangt oder ihn verworfen. Julika konnte ihn nicht verwerfen, sie lebte ja davon, einen Menschen zu haben, dem sie immerfort verzeihen konnte." (FRISCH 1973, S. 90)

Stiller kann es aber bspw. gar nicht ertragen, dass Julika unter seinen Küssen in ihrer echten Sprödigkeit nicht in Empfindung zerschmilzt und diese Miene des Überwältigtseins, die er braucht, um an die Liebe einer Frau und nicht zuletzt an seine Männlichkeit glauben zu können zeugen von einem starken männlichen Narzißmus. Nichtsdestotrotz ist der Punkt, wo man den anderen braucht für seine eigens empfundenen „Defizite" und Schwächen im Eigenen, die man verdecken will, der, an dem man ansetzen sollte, sich annehmen zu lernen. Und im weiteren Verlauf des Romans schafft es Stiller herauszutreten aus dem „Wahn" überzeugen zu wollen und herauszukommen aus der Resignation darüber, dass man nicht ist, was man so gerne wäre, um schließlich intendiert das zu werden, was man ist. Ursache und Wirkung sind nie in zwei Personen getrennt (schon gar nicht in Mann und Frau), auch wenn es manchmal so aussehen mag.

2   Intensitäten

Der folgende Begriff der „Intensitäten" gibt für das zu Klassifizierende und zu Bewertende einen Hinweis und eröffnet das Plateau für weitere Aspekte der Identitätsproblematik.

> „: Intensität oder Intention. Wenn die Intensitäten zu Intentionen werden, betritt man den Raum der Repräsentation. Und die Intensitäten werden immer dann zu Intentionen, wenn sie sich im Mittelmäßigen, im Normierten, im Gesprochenen halten. Darin liegt die Duckmäuserei, das

„Herdentum" des Abendlandes: der Triumph des Intelligiblen, d. h. des Austauschbaren." (LYOTARD 1978, S. 29)

Wir befinden uns hier im Raum des Lebbaren das Sicherheit vermittelt und die Angst vor dem Unnormierten gleichzeitig verdeckt. In HANDKEs „Die Stunde der wahren Empfindung" (1978) beschreibt dieser Keuschnigs plötzlich einsetzenden Impuls, hinauskatapultiert zu sein aus einer Wirklichkeit, in der alle Menschen und Erscheinungen es auswendig gelernt hatten, wie man Leben vortäuschte. Die Frage schliesst an, wem das Fehlen von Gefühlen von wem nutzt? Eine schwierige Frage, dennoch möchte ich behaupten, dass die kapitalisische Gesellschaft, die in der industriellen Revolution wurzelt, den Menschen daraufhin abrichtet zu funktionieren und die Gefühle abtrainiert. Wo es um Leistung geht, haben Gefühle keinen Platz, und wenn die Gefühle nicht abzuschaffen sind, so werden sie standardisiert. Heftigere Gefühlsregungen hingegen können als Krankheit diagnostiziert werden. Es ist die vorsichtige Mittellage. Wir werden von Plakatsäulen angelacht und bekommen eingeredet, die Schwierigkeiten mit Gefühlen die wir haben seien ein privates Versagen. Deshalb laben wir uns so am Schicksal anderer. Es ist – gerade für Frauen - zwar zunehmend erwünscht und heute ein Plus, wenn Männer in der Lage sind, ihren „standardisierten Affekten" Ausdruck zu verleihen, sich mehr Emotion einzuhauchen, dennoch bleibt das als u. U. suspekt unmännlich Empfundene für sie beiderseits selbst zurück. Keuschnig vermittelt ein Ausdruck für das Unbehagen in einer Umgebung, in der alle das Äusserliche ungebrochen zur Schau tragen und mit „geborgten" Lebensgefühlen agieren. Gleichzeitig merkt er, dass es keinen Ort gibt, um aus der Welt zu sein und begreift deren „mörderische Ausschließlichkeit".

Ein anderer Aspekt, den dieses Zitat mir eröffnet, führt mich in ein weiteres literarisches Beispiel, nämlich wieder zu FRISCHs „Stiller". Dieser behauptet permanent nicht Stiller zu sein, obwohl vertraute Menschen ihn für diesen halten. „Mit Lügen ist es ohne weiteres zu machen, ein einziges Wort, ein sogenanntes Geständnis, und ich bin „frei", das heißt in meinem Fall: dazu verdammt, eine Rolle zu spielen, die nichts mit mir zu tun hat." (ebd., S. 84) Ungeachtet der Doppelbödigkeit des Wortes „Lüge", - ob dies nun wörtlich zu verstehen ist oder den Kompromiß mit einem Bild meint -, ist dieser Roman ein Rätselspiel um eine Identität, in der das „Ich" zu einer Behauptung der Welt wird, ja zum Objekt, der man ein „Nicht-Ich" entgegensetzen muss, wie dies DÜRRENMATT in seiner Einführung bemerkt. Man fordert von Stiller eine Wahrheit, die es aber so nicht geben kann. Stiller zitiert und referiert in seinen Aufzeichnungen nur, wie ihn die Anderen gesehen, erlebt und erfahren haben. Es wird eine Vita in allen Einzelheiten entfaltet, die doch fraglich bleibt, und fraglich bleibt auch, ob eine Befreiung hieraus überhaupt möglich ist.

Auch eine Beziehung die scheitert, gibt großen Anlass die Beziehung aufzuarbeiten, sich selbst kritisch zu hinterfragen. Wenn ein Mann oder eine Frau nun merkt, dass er/sie in gewisser Weise für den Gegenüber eine Antizipationsfläche für eine Inbegrifflichkeit fiktiver Männlichkeit/Weiblichkeit verkörpert hat und begreift, dass er/sie sich einerseits hiergegen gewehrt hat und sich selbst in realistischeres Licht rücken wollte, dass es aus dieser Fremdbestimmung und Normierung kaum ein Entrinnen gibt, dies in Vergangenheit und Zukunft in die Kategorie der Wahrheit eingedrungen ist. Man repräsentiert dann eben doch den Mann, wie die Frau dies ihrerseits tut und man(n) ist u. U. auf seine ganze phallozentrische Schlechtigkeit   zurückgeworfen. „Wenn aber erstens diese Beziehung in eine umfassendere, gesellschaftliche eingebunden ist, von der her ihre Möglichkeiten begrenzt und gelenkt werden, und wenn zweitens Fremdseelisches nicht anders als durch Vermittlung vergegenwärtigt werden kann, dann muß eine Vertrauensbeziehung nicht nur nach außen verteidigt werden, sondern auch gegen die eigenen Projektionen, gegen alle Versuchungen der ‚Substitution' von Nicht-Identität durch Identität." (KRIEGER 1985, S. 237)

> „Die aufklärende Intention des Gedankens, Entmythologisierung, tilgt den Bildcharakter des Bewußtseins. Was ans Bild sich klammert, bleibt mythisch befangen, Götzendienst. (...) Die Abbildtheorie verleugnet die Spontanität des Subjekts, ein Movens der objektiven Dialektik von Produktionskräften und Produktionsverhältnissen. Wird das Subjekt zur

sturen Widerspiegelung des Objekts verhalten, die notwendig das Objekt verfehlt, das nur den subjektiven Überschuß im Gedanken sich ausschließt, so resultiert die friedlose geistige Stille integraler Verwaltung." (ADORNO 1975, S. 205)

Hierin lässt sich das Gemeinsame, das Unausweichliche für jeden, im Verschiedenen – man wird immer als Mann oder Frau gesehen - abbilden. Neben der allgemeinmenschlichen Dimension des LYOTARD´schen Zitats auf das jedes Subjekt zurückgeworfen ist, möchte ich versuchen, es konkret für die Beziehungen der Geschlechter unter hegemonialen Gesichtspunkten zu nutzen. Meines Erachtens befinden wir uns mitten in einem individualökonomischen Prozess, - an anderer Stelle habe ich bemerkt, dass das geschlechtsspezifisch Habituelle persistiert, es aber nicht als eine einzementierte Konstante zu sehen ist -, indem es zukünftig um das Bekleiden hegemonialer Positionen als Repräsentanz im Öffentlichen geht, die zunehmend geschlechts-unspezifischer werden und auch situativen und nomadischen Charakters sein können. Das Individuum an sich fungiert und ist Gattungswesen, auf die Politik in einer universalen Ökonomie abzielt und projiziert. Durch eine Politik, die zunehmend auf ein, in vielen Bereichen „geschlechtsloses" Massensubjekt gerichtet ist, werden die zwischengeschlechtlichen Kampfzonen aber nicht befriedet werden, sondern es wird vielmehr im Gegenteil eine Ausweitung derer stattfinden, denn wenn die Bedingungen zunehmend angeglichen werden, was wie ich hoffe nicht dergestalt mißverstanden wird, daß ich dies torpedieren wolle, die Frauen aber lange Zeit in stiller Übereinstimmung das patriarchale System offensiv durch das Ausleben ihrer vermeintlich weiblichen Neigung gestützt haben und dies punktuell (willentlich und unwillentlich) noch tun in leiser werdender Opposition, wird das Kampffeld um die Positionierungen in den sozialen Räumen in keinem Lebensbereich ausgespart bleiben, vielmehr dauerhaft und stetig umkämpft sein. Was also ermöglicht wird, sind nicht Intensitäten, sondern Repräsentationen und eine gerechtere Verteilung in Ausübungsmöglichkeiten des Motivs „Macht" über die Person im Angesicht. Intensitäten hingegen sind keine Inszenierung und sie kennen keine Differenz. Die Differenz aber – das Spiel um

Macht/Repräsentation - als Struktur kehrt wieder, ist das Gleiche und bleibt sesshaft und „bildet Blöcke von: Objekten und Subjekten, Dispositiven und Aufzeichnungen, Quantitäten und Regelabständen, Strukturen und Repräsentationen." (LYOTARD, a.a.O., S. 20) Und diese Gleichheit ist es, die LYOTARD in Anlehnung an NIETZSCHE, die

> „verhindert, daß die Wiederkehr zur wirklichen Reise wird, denn sie zwingt die Metamorphose, immer wieder die gleichen Orte und Kanäle zu passieren, also sich niederzulassen." (ebd., S. 22) und weiter:
> „Nur die genormte Energie mittlerer Intensität wird zugelassen, denn sie läßt sich einfangen, übertragen und in Kanäle (Produktionsverhältnisse) leiten. Eine Energie also, deren intensives Potential = Verschiebbarkeit ausgeschlossen wurde." (ebd., S. 22/23)

Ich will anhand dieses Zitats behaupten, daß die tatsächlichen Befreiungen aus den engen Zwängen des Lebbaren beider Geschlechter und die Erweiterung der Spielarten keine wirkliche Befreiung darstellen kann. Das was verneint wird, kann zwar ausgemerzt werden, stellt in gewisser Weise eine „Rettung" dar, dennoch bleibt man Instrumentarium einer Politik von Normierung und Gleichschaltung, die alles durchzieht, weil es die Ökonomie und die Produktionsverhältnisse so erfordern. Im Bereich der Ökonomie, - und die beschränkte, also die Produktion an sich, ist zu verstehen als ein Teil der allgemeinen Ökonomie -, die sich zunehmend totalisiert, hält BERGFLETH (vgl. 1985, S. 47) fest, dass alles zum Ausbeutungsobjekt wird. Der Trugschluss ist der, dass man denkt, jetzt näher an sich selbst zu sein. Dies gibt einen Einblick in das Normale und die Sehnsucht, in das was unergründlich und namenlos ist – jenseits der Durchtränktheit mit einer Ökonomie, in der Leben die genormten Kanäle der Wiederkehr passieren muss, um repräsentativ und dadurch intelligibel zu sein. Die Brücke in die Zukunft wird mithin, in Anlehnung an Nietzsche, von den einsamen Männern und Frauen geschlagen.

3 Das Interesse an der Ästhetik am eigenen Körpers

Nach BOURDIEU vollzieht sich die Einverleibung der sozialen Ordnung über den Körper-Habitus. Die Verortung des Subjekts im gesellschaftlichen und sozialen Raum wird in den eigenen Körper eingeschrieben, in der Art und Weise, „seinen Körper zu halten, ihn zu bewegen, ihn vorzuzeigen, ihm Platz zu verschaffen." (BOURDIEU 1987, S. 739)

Lotte ROSE (1997, S. 125-149) stellt in ihrem Artikel über die Versportung und Entmütterlichung des weiblichen Körpers heraus, dass sich veränderte Körperideale hin zu einer Versportlichung, die Sportlichkeit ist bedeutsames Stilelement ästhetischer und erotischer Körperinszenierung geworden, für Frauen Widersprüchliches in sich birgt:

> „Zum einen heißt dies, daß sich weibliche Sehnsüchte auf das Ideal eines schlanken, straffen, schmalhüftigen, kleinbrüstigen, agilen Körpers richten, an dem sich Muskelkonturen, wenn auch nur dezent, abzeichnen. Zum anderen ist damit die unentwegte Aufforderung an Frauen verbunden, sich sportlich zu betätigen, um genau jenen idealen Körper herzustellen." (ebd., S. 129)

Einerseits also werden fesselnde Körpertabus freigesetzt, münden aber andererseits sodann in neue Normierungen. Zwar verschieben sich die Polaritäten der Geschlechterunterschiede auch im Körperbild, eine Differenz jedoch wird dennoch statuiert, indem nun eine neue Körperformation als die Weibliche ausgewiesen und diese sexuell/erotisch aufgeladen wird. Bemerkenswert ist, dass sich das Ideal des heutigen Frauenkörpers im männlichen Körperschema gedachten Körper konstituiert, auch wenn Männer jetzt Anti-Aging-Cremes benutzen mögen und auf ihre Fettzufuhr achten, wobei sich für mich die Frage anschließt, inwieweit dies, sicherlich a priori das Resultat einer allgemeinen Politik, nicht einfach eine hierarchische Differenz auf anderen Ebenen erzeugt, nichtsdestoweniger aber Ausdruck einer Unterordnung bleiben muss. Auch wenn sich die Körper androgynisieren, so scheint das Ideal des weiblichen Körpers nun dem Männlichen mimetischer zu sein, verbleibt aber als zweite Ausführung. Lotte ROSE (vgl., ebd., S. 138 ff.) merkt an, dass neben der Versportlichung eine „Verkindlichungstendenz" (Mädchenkörper) zu beobachten ist. So repräsentiere die ästhetische Stilisierung des „Mädchenhaften",

> „die Unmöglichkeit, den Anspruch auf ein Stück ‚eigenes Leben' mit dem ‚Dasein für andere' zu synthetisieren; die Unmöglichkeit, mit dem Status als Mutter nicht Verluste an Entwicklungsfreiräumen hinnehmen zu müssen. (...), wird die Devise des ‚Prä' als Ausweichmanöver propagiert,(...)." (ebd., S. 138)

Wie sich kulturhistorisch betrachten lässt, wird der Körper nicht mehr derart ausgebeutet, wie dies beispielsweise bei den Sklaven des Altertums geschah, oder man sehe sich nur die Veränderungen in der Strafmoral und –methodik an, die ebenfalls immer weniger auf den Körper zielen als vielmehr auf die Disziplinierung der Subjekte über die Psychen. Dennoch, auch hier lässt sich wieder mit ADORNOs Hilfe aufzeigen, - wie das NIETZSCHE`ianische der ewigen Wiederkehr der Bejahung, das Gleiche erhalten bleibt, ja perfider noch -,

> „Der Körper wird als Unterlegenes, Versklavtes noch einmal verhöhnt und gestoßen und zugleich als das Verbotene, Verdinglichte, Entfremdete begehrt. (...) In der Selbsterniedrigung des Menschen zum corpus rächt sich die Natur dafür, daß der Mensch sie zum Gegenstand der Herrschaft, zum Rohmaterial erniedrigt hat."
> (HORKHEIMER/ADORNO, a.a.O., S. 247)

Und dieser Körper wird modisch bekleidet, ist Trends ausgesetzt und wird im Feld des Symbolischen klassenspezifisch und habituell inszeniert, verstärkt auch bei Männern. Man sehe sich ebenfalls an, wie Kinder nachahmend zur Erwachsenenwelt gekleidet, sie vorgezeigt und zur Schau gestellt werden. Auch der Kleidungsstil und die Mode auf der Strasse hat sich androgynisiert. Unterschiede werden dafür häufiger bei bestimmten Anlässen oder in der Arbeitswelt deutlich.

In FOUCAULTs „Der Wille zum Wissen. Band I" (1983) wird deutlich, dass insbesondere die Netze des Sexualitätsdispositiv im

Instrumentarium der luziden Macht die Körper subjektiviert, unterjocht und versklavt, eben als das Prinzip der kulturellen Morphogenese von Körpern schlechthin, seitdem diese in ein epistemisches Feld eingetreten sind.

Hier können wir aber wieder in den Bereich der LYOTARD`schen Intensitäten gehen. Auch in der Repräsentation der Körper, wie in denen der Subjekte, lässt sich vor allen Dingen das „künstlich Verformte" erkennen, die Repräsentation eines verrohten kulturindustriell erzeugten Willens, der das Unmittelbare und Wahrhaftige des Deformierten und Demarkierten ausschließt, eine veränderte „Äußerlichkeit in Bezug auf jede Form." (LYOTARD, a.a.O., S. 93) Bildhafter wird dies vielleicht in der Anekdote als Picasso den Auftrag eines Herrn bekam, seine Frau zu malen und dieser, das bildnerische Resultat betrachtend, entrüstet war darüber, wie „verunstaltet" er seine Frau ansehen musste. Das sei nicht seine Frau, seine Frau sei doch viel schöner. So malte Picasso diese Frau, es sei ihm hiermit unterstellt, in Bereichen höherer Intensität, stellte das für ihn „Unaussprechliche" dar. Will sagen, dass der Körper gerade das Nicht-Organische ist, das strukturelle Korrelat, die Ergänzung einer angehäuften Geschichte der individuellen subjektiven Verfasstheit, die allerdings ebenso unter dem selben Druck wie die Körper stehen, „zerfleddert, (...) heruntergekommen auf Fetzen, Pfützen, verleimte Fragmente, ein Nicht-Ensemble von Partialobjekten, einem kakophonischen Wunder gleich zusammen-genäht (- einfach schön, S. B.)." (ebd., S. 91)

Behaupten will ich, dass Körper als medialer Schein fungieren, ihnen eine Totalität zugewiesen wird, zentrifugale kulturelle Kräfte auf ihn wirken, die Gesetzmässigkeiten der Anziehung und Abstossung, einer Dualität erzeugen, hierdurch den Bereich des Intelligiblen und auch des sinnlich zu Erfassenden bestimmen und somit im Feld der symbolischen Ordnung des Sozialen (BOURDIEU), und nach wie vor unter diesen Gesichtspunkten als praktischen Sinn und nicht anders als unter dieser Bedingung bewertet und empfunden werden können. Wir kommen also auch im Bereich der Körper aus der Repräsentation, der Intention kaum heraus in einen Bereich der Intensität, der nicht dem Körper-Habitus und dem Habituellen an sich entspricht und die Kontiguität zu einer hierarchischen Differenz in persona schlechthin impliziert. Wenn also auch das Habituelle verschieblich wird, die Grundstruktur einer Differenz bleibt orientierungsstiftend im Feld der symbolischen Ordnung des Sozialen erhalten, was dem BATAILLE`schen Verständnis einer universalen Ökonomie nahe kommt, deren innere Struktur die Figur der Disjunktion[8] ist, zum Beispiel am Widerspruch von Opfer und nützlichem Gebrauch in einer ethischen Abwägung, oder vielleicht schon bald in Vergangenheitsform zwischen Mann und Frau, und dadurch eine Heterogonie markiert.

---

[8] Die Verbindung dessen, was sich gegenseitig ausschließt, wie Produktion und Verschwendung, die sich gegenseitig ausstossen. (vgl. Bergfleth, a.a.O., S. 38)

IX   Foucaults Philosophie und die Produktion der Subjekte

Nachdem wir nun BOURDIEUs habituelle Perspektive der symbolischen Ordnung verfolgt und im weiteren Fragmente gesammelt haben, die allesamt darauf hinauslaufen, dass es einen großen Verblendungszusammenhang gibt (ADORNO), wir mit LYOTARDs Begriff der Intensitäten zeigen konnten, dass es keine wirkliche Reise in die Befreiung des Menschen gibt und darauf verweisen, wie sehr der Mensch unter einer allgemeinen kulturellen (kapitalistischen) Ökonomie steht, möchte ich nun anhand FOUCAULTs ideengeschichtlicher Analyse aufzeigen, wie das Subjekt überhaupt erst zu denken ist und anhand der Erläuterung seiner Begriffkategorien stringent verfolgen, wo die Reise des Menschen hingehen kann und gleichsam Mikroperspektiven für das Subjekt und Makroperspektiven auf die Gesellschaft eröffnen. An FOUCAULT kommen wir aufgrund der bisherigen Argumentationsführung nicht mehr vorbei, vielmehr stand er schon fortwährend still hinüberblickend hinter allem Erarbeiteten.

1   Der Diskursbegriff bei Foucault

Es ist wichtig dem Diskursbegriff FOUCAULTs relativ viel Platz einzuräumen, denn auf dieser Grundlage gilt es die Beziehungen einerseits zwischen Wissen/Wahrheit und Macht und andererseits die Beziehungen zwischen Kultur und Subjekt zu klären. Insbesondere mit letztgenannter Perspektive will ich auf die Bedingungen zu sprechen kommen, unter denen das moderne Subjekt selbst erst zu denken ist und in welcher Relation die Kategorie „Geschlecht" das Selbstverständnis der Kultur ausmacht.

Der Diskursbegriff, wie ihn FOUCAULT versteht, beschreibt ein System von Regeln, eine historisch von Transformationen erfaßte Kulturtechnologie die festlegt, welches Wissen als „wahr" oder „falsch" gelten kann. Ein erster Gesichtspunkt sich dem Diskursbegriff zu nähern ist, ihn unter zweierlei Gesichtspunkten zu begreifen: zum einen als produktives Regelwerk, in dem erst die Wahrheit und das Wissen zugleich erzeugt und bereitgestellt werden, in deren Dimension einem Ding/Gegenstand erst Existenz einverleibt wird, und zum anderen in dem eines Kontrollsystems, denn in seiner Produktivität erzeugt der Diskurs auch Differenzen. In dieser Differenzbildung zwischen Polaritäten des „wahr" und „falsch", „normal" und „abnormal", „sagbar" und „nicht sagbar" wird die chaotische Vielfalt reguliert, unterbrochen und segmentiert.

In der „Ordnung der Dinge" (1974) sieht FOUCAULT das moderne Subjekt als Effekt der Humanwissenschaften. Einerseits stellt er das Subjekt als natürlich Gegebenes in Frage: Als sich selbst anhand seines Körpers, seiner Identifikation über seine biologische Gattung erkennendes Subjekt gehorcht es den Gesetzen der Naturwissenschaften, als arbeitendes Subjekt den Gesetzen der Ökonomie und als sprechendes Subjekt den Gesetzen der Grammatik. Darüber hinaus wird angedeutet, dass dies zurückzuführen sei auf die allgemeine und abstrakte Sphäre der Ordnungen, Transformationen und Anpassungen der wissenschaftlichen Diskurse und ihrer Struktur und nicht auf Initiation einzelner Individuen hin. Letztendlich bedeutet dies, dass es die in den Wissenschaften befindliche diskursive Struktur und deren immanenten Regeln sind, die erst eine Materialität der Dinge erzeugen (vgl. FOUCAULT 1981, S. 68). Wissen wird demnach durch Diskurse hervorgebracht. Dies hat zur Folge, dass der Mensch – durch die Humanwissenschaften gewissermaßen entdeckt – überhaupt erst durch die wissenschaftlichen Diskurse und deren Transformationen an der Oberfläche der Welt aufgetaucht ist. Andererseits ist das Problematische das Sein, das nur aufgrund seiner Eingeschlossenheit in einen Diskurs denkbar ist. FOUCAULT verzichtet also auf die Annahme,

> „Diskurse beinhalten verborgene Inhalte, die es zu entziffern gelte. Dagegen will er die Diskurse über das Faktum und die Bedingungen ihrer offenkundigen Erscheinung, nicht über die Inhalte, die sie verbergen können, sondern über die Transformationen, die sie bewirkt haben (...) befragen" (BÜHRMANN, in:BUBLITZ; et al. [Hg.] 1999, S. 51)

Über der Produktivität des Diskurses ist zu sagen, dass die Gegenstände nicht prädiskursiv denkbar, also dem Diskurs nicht präexistent sind. Angesichts dessen behandelt FOUCAULT die Diskurse als Praktiken, „die systematisch die Gegenstände bilden, von denen sie sprechen" (FOUCAULT 1981, S. 74). Insofern geht vom Diskurs ein Kontrollmoment aus: Die Kontrolle über das Bestehende eben über das Entstehen-Lassen (vgl. BÜHRMANN, a.a.O., S. 53-54).

Die Beziehungen der Gegenstände zueinander – zwischen Institutionen, Normensystemen, Verhaltensweisen, ökonomischen und gesellschaftlichen Prozessen, Klassifikationstypen, etc. – sind zugleich Effekt und Bedingung des Diskurses. In seinen Regeln enthält und erschafft der Diskurs die Voraussetzungen von Sinn und Bedeutung, die er der Praxis bereitstellt, in ihr zeigen sich die alltäglichen Praktiken der sozialen Realität.

Der Kontrollaspekt diskursiver Formationen mag zu dem Mißverständnis führen, dass dessen Zielsetzung hauptsächlich in der Verdeckung des Entdeckten oder Unerwünschten läge, zwar bringt der Diskurs produktiv Wissen hervor, dennoch:

> „Die Bedingungen dafür, daß ein Diskursgegenstand in Erscheinung tritt, die historischen Bedingungen dafür, darüber „etwas sagen" zu können, und dafür, daß mehrere Menschen etwas Verschiedenes darüber sagen können, die Bedingungen dafür, daß er sich mit anderen Gegenständen in ein verwandtes Gebiet einschreibt, dafür, daß er mit ihnen Ähnlichkeits-, Nachbarschafts-, Entfernungs-, Unterschieds- und Transformationsbeziehungen herstellen kann – diese Bedingungen (...) (zahlreich und gewichtig, S. B.) darf (...) (man, S. B.) nicht mit einem Hindernis verbinden, dessen einzige Kraft es ausschließlich wäre, die Entdeckung zu verdecken, zu stören und zu verhindern, die Reinheit der Evidenz oder die stumme Hartnäckigkeit der Dinge selbst dem Blick zu entziehen (...)." (FOUCAULT 1981, S. 67-68)

Kommen wir zu dem Bereich des Schweigens. Das Schweigen ist das, was dem Diskurs äusserlich ist. Bildhaft gesagt, genau das, was hinter den Mauern der Wissenschaften und den Bereichen des Wissens und der Wahrheit liegt. Das Schweigen ist das jenseits der

Kontrolle Liegende, das, was von noch keinem cogito durchdrungen ist, sobald die Beziehungen der Gegenstände zueinander diskursiven Transformationen unterliegen und unterworfen sind, seines Sinns – der rohen Erfahrung – aber beraubt wird. Dennoch sind diese Erfahrungen um uns herum angeordnet und einem ursprünglichen Wiedererkennen gegenüber geöffnet, denn FOUCAULT setzt an anderer Stelle voraus, dass alles, „was der Diskurs formuliert, sich bereits in Halbschweigen artikuliert findet, das ihm vorausgeht, das ihm hartnäckig unterhalb seiner selbst folgt, das er aber bedeckt und zum Schweigen bringt. (Insofern ist der Diskurs nicht manifest oder repressiv, S. B.) (...) Man muß den Diskurs nicht auf die ferne Präsenz des Ursprungs verweisen, man muß ihn im Mechanismus seines Drängens behandeln." (ebd., S. 39) Der Eingriff der Disziplinen in die Bereiche des Halbschweigens ordnet, strukturiert und klassifiziert diese Andeutungen unmittelbarer Erfahrungen und statuiert Bereiche der Wahrheit und des Unwahren. Spannend ist das was liegen bleibt, das Unsagbare, das Verworfene, zum Schweigen gebrachte, das seiner Wahrheit beraubte. Die Aufnahme des halbschweigenden „Gewimmels" durch die Disziplinen und die Zuführung zu Diskursen entspricht einer kulturellen Ausweitung der Norm, generiert und kategorisiert aber an den Rändern der Diskurse nach wie vor das Abnorme, einen Bereich, um Entwertung in den sozialen Strukturen zu implementieren.

„Innerhalb ihrer Grenzen kennt jede Disziplin wahre und falsche Sätze, aber jenseits ihrer Grenzen läßt sie eine Teratologie des Wissens wuchern. (...); aber vielleicht gibt es keine Irrtümer im strengen Sinn, denn der Irrtum kann nur innerhalb einer definierten Praxis auftauchen und entschieden werden (...). Es ist immer möglich, daß man im Raum eines wilden Außen die Wahrheit sagt; aber im Wahren ist man nur, wenn man den Regeln einer diskursiven ‚Polizei' gehorcht." (FOUCAULT 1991, S. 24-25)

2 Der Begriff der Macht

Im weiteren zur diskursiven Praxis betont FOUCAULT später[9], - denn ausgehend von diskursiven Praktiken will er ein Analyseraster entwickeln, das den sich zunehmend seit dem 18. Jahrhundert ausdifferenzierenden und komplexer werdenden Machtbeziehungen Rechnung trägt -, dass die allgegenwärtige Präsenz von Machtbeziehungen nicht auf die Hegemonie eines imperativen Gesetzes zurückzuführen sei (juridisch-diskursive Machtkonzeption), sondern vielmehr auf die Kräfteverhältnisse an der Basis: „Die Macht kommt von unten.(...) Die Macht ist etwas was sich von unzähligen Punkten aus und im Spiel ungleicher und beweglicher Beziehungen vollzieht" (FOUCAULT 1983, S.115). Machtwirkungen entstehen hiernach durch Handlungen. Im Zentrum seiner Machtanalytik steht damit nicht mehr Verbot, Kontrolle und Zwang von „oben", sondern die relationalen Beziehungen der Praktiken (strategisch-produktive Machtverhältnisse).

Die Macht in den Praktiken der Beziehungen zu suchen bedeutet, sie als nichts Statisches oder Stabiles zu sehen. Der Fundus gesellschaftlicher Praktiken ist das kulturelle Wissen, das mit der Macht verschmolzen ist und den sozialen Körper zusammen hält:

> „Die Macht funktioniert. Die Macht verteilt sich über Netze und in diesem Netz zirkulieren die Individuen nicht nur, sondern sind stets auch in der Position, diese Macht zugleich über sich ergehen zu lassen wie sie auszuüben." Und weiter:
> „Das Individuum ist ein Machteffekt und gleichzeitig (...) verbindendes Element: Die Macht geht dank des Individuums, welches von ihr konstituiert wurde, durch. (...) Ich will damit Folgendes sagen: Wichtig ist nicht (...), eine Art Deduktion der   Macht vorzunehmen, die von einem Zentrum ausginge und untersuchte, wie weit sie sich nach unten fortsetzt (...). Ich denke, man sollte viel eher (...) eine aufsteigende Machtanalyse vornehmen, d. h. von den unendlich kleinen Mechanismen ausgehen, die ihre eigene Geschichte, ihren eigenen Weg (...) haben, um dann zu erforschen, wie die Machtmechanismen (...) ausgedehnt wurden und immer noch werden" (FOUCAULT 1999, S. 38-40)

---

[9] zunächst sieht Foucault Macht immer von Außen kommend und repressiv (vgl. Foucault 1978, S. 104f.)

Macht zirkuliert, durchwandert die Subjekte hindurch und die Gesellschaft und verbindet Elemente, indem sie in Praktiken besteht, die Beziehungen zwischen Menschen herstellen. Die Macht zirkuliert durch Verinnerlichungen. Das „souveräne" Subjekt der Moderne überwacht und diszipliniert sich selbst pausenlos, da die Macht kein Außen mehr kennt; die Gesellschaft ist zu einem dezentralen Apparat der Kontrolle und Selbstüberwachung geworden (vgl. auch ELIAS[10] 1995 Bd.2, S. 312 ff.). ELIAS betont, wie die Regelungen des „gesamten Trieb- und Affektlebens durch eine beständige Selbstkontrolle immer allseitiger, gleichmäßiger und stabiler wird." (ebd.) Diese Verinnerlichungen verschaffen der Macht das Luzide und bestimmen, daß die Analytik der Macht von unten nach oben erfolgen muß.

> „Und der Staat ist kein Traum
> ist sogar in meinen Küssen
> ein mich gestaltender, die Fäden, die rissen
> und Welt verwaltender Zustand
> eher Raum als Position
> und so organisiert er sein Verschwinden
> indem er sich durch mich bewegt
> durch Gedanken aus Stein aus Licht eine Mauer" (BLUMFELD 1994)

Der Übergang in die Moderne markiert den Wandel der Macht. Ihr voraus geht eine Disziplinargesellschaft, eine Gesellschaftsform also, die über zentrale Instanzen und Institutionen der Disziplinierung und Herrschaft verfügt, wie bspw. die Anwendung von Marter, Folter oder Züchtigung, um den Willen und Widerstand Einzelner zu brechen. Im Übergang in die Moderne gelingt es der Macht aber, das Körperinnere der Subjekte zu durchdringen und nicht mehr am Körper direkt zu wirken. In seiner Antirepressionshypothese bestimmt FOUCAULT, dass die Macht in den Beziehungen zwischen den Menschen wiederkehrt und ein zentrales Merkmal moderner Gesellschaften, das der gegenseitigen Observation ist. Dies konnte nur durch die enge Verbundenheit oder die von FOUCAULT prognostizierte Verschmelzung von

---

[10] Ein Vergleich bietet sich insbesondere in dem Widerspruch zwischen Autonomie und Kontrolle an

Wissen/Wahrheit und Macht ermöglicht werden. Denn die Wahrheit ist kein anderes Gesicht als das der Macht. In dem Maße wie sich die Humanwissenschaften etablierten, die menschlichen Psychen und Körper zum Gegenstand der Disziplinen geworden sind, konnte sich die Macht einnisten und an den „souveränen" Einzelnen überantworten, so ihre Äusserlichkeit aufgeben und über Verinnerlichungen zirkulieren. Der Einzelne bekam unter dem Verzicht auf Macht eine besondere „Souveränität" zugestanden, die sich in Rechten und Freiheiten äussert. Der Humanismus erst produziert das moderne „souveräne" Subjekt, über das die Macht ihre Netze wirft. Zugleich zeigt sich aber ein ökonomischer Wesenskern der Macht:

> „Das Panopticon[11] hingegen hat verstärkend und steigernd zu wirken (...): es geht darum, die Gesellschaftskräfte zu steigern – die Produktion zu erhöhen, die Wirtschaft zu entwickeln, die Bildung auszudehnen, das Niveau der öffentlichen Moral zu heben; zu Wachstum und Mehrung beizutragen." (FOUCAULT 1977, S. 267)

Betrachtet man den tiefen ökonomischen Kern der Macht, dann wird vielleicht deutlich, wie versucht wird, die Vielfalt der Massen mit der Produktionsapparatur in Übereinstimmung zu bringen, d. h. die Menschen mit den gesellschaftlichen und ökonomischen Produktionsprozessen kompatibel zu machen. Der Panoptismus ist dem gesamten gesellschaftlichen Feld immanent. Dies kann durchaus bedeuten, wie dies auch schon andernorts bemerkt wurde, dass die moderne Ökonomie drängt, tradierte zwischengeschlecht-liche Rollenmuster über Bord zu werfen.

Was ist aber der Grund, dass die Macht herrscht, „daß man sie akzeptiert, liegt ganz einfach darin, daß sie nicht nur als neinsagende Gewalt auf uns lastet, sondern in Wirklichkeit die

---

[11] Das Panopticon ist eine von J. Bentham entworfene Überwachungsmaschine, die überall installierbar ist. Ihr Prinzip ist die kreisförmige Anordnung durchsichtiger Zellen um ein undurchsichtiges Zentrum. Die zu Überwachenden wissen einerseits aufgrund der Zellanordnung nicht was ihr Nachbar gerade tut, und zum anderen nicht, ob und von wem sie gerade beobachtet werden. Das zentrale Prinzip ist also ein einseitiger und anonymer Blick, der nicht erwidert werden kann, hinsichtlich seiner Möglichkeiten der Überwachung aber omnipotent ist. (vgl. Foucault 1977, S. 251-294)

Körper durchdringt, Dinge produziert, Lust verursacht, Wissen hervorbringt (...);" (FOUCAULT 1978, S. 35)

3   Bio-Macht als Vergesellschaftungsmodus

Ausgehend vom Absolutismus und der Aufklärung sucht FOUCAULT (1983) in „Der Wille zum Wissen" den zentralen Modus in modernen Gesellschaften für die Struktur der Beziehungen der Menschen untereinander, die die Gesellschaft realisieren und beantwortet dies mit seiner Konzeption der Bio-Macht. Bio-Macht ist eine lebensbezogene Macht, die die gesamte abendländische Kultur der Moderne durchdringt. Die „Macht zum Leben", so FOUCAULT, hat sich im 18. Jahrhundert in zwei zunächst unabhängig voneinander existierenden Hauptformen entwickelt. Zum einen in Gestalt des Körpers: „Seine Dressur, die Steigerung seiner Fähigkeiten, die Ausnutzung seiner Kräfte, das parallele Anwachsen seiner Nützlichkeit und Gelehrigkeit, seine Integration in wirksame und ökonomische Kontrollsysteme – geleistet haben all das die Machtprozeduren der Disziplinen: politische Anatomie des menschlichen Körpers." (FOUCAULT 1983, S. 134/135) Zum anderen in Gestalt des den biologischen Prozessen zugrundeliegenden Gattungskörpers: „Die Fortpflanzung, die Geburten- und Sterblichkeitsrate, das Gesundheitsniveau, die Lebensdauer und die Langlebigkeit wurden zum Gegenstand eingreifender Maßnahmen und regulierender Kontrollen: Bio-Politik der Bevölkerung." (ebd.) Sicherlich war die Entwicklung hin zu einer Bio-Macht, wie sie FOUCAULT versteht, unerlässlich für die Entwicklung des Kapitalismus. An anderer Stelle betont er, dass die Bio-Macht Methoden entwickeln mußte, die einerseits das Leben im ganzen steigerten, deren Kräfte und Fähigkeiten, so die Bevölkerung den ökonomischen Prozessen angepasst werden konnte und kann, andererseits aber die Unterwerfung des Einzelnen nicht erschwerten. (vgl. ebd., S. 136)

ADORNO/HORKHEIMER merken an, dass „die Befreiung des europäischen Individuums" im Zusammenhang mit einer allgemeinen kulturellen Umwandlung, „die im Innern der Befreiten

68

die Spaltung desto tiefer eingrub, je mehr der physische Zwang von außen nachließ", erfolgte. (2002, S. 247) Vielmehr lernt hier der Mensch erstmals in der Geschichte, und so reflektiert sich das Biologische zum ersten Mal im Politischen, ein Mensch als lebende Spezies zu sein, der ausgestattet ist mit Rechten, Existenzbedingungen, Erwartungen an das Leben und Gesundheit, als jemand der nicht schicksalhaft lebt, allesamt Bedingungen, die man modifizieren und in einen Raum optimal verteilen kann (vgl. FOUCAULT, a.a.O., S. 137/138) Die Macht hat sich also des Lebens angenommen und richtet nicht mehr wie zu Zeiten von Souveränen über es. Dafür, fällt die Ausübung des Recht über den Tod weg, „bedarf (es, S. B.) fortlaufender, regulierender und korrigierender Mechanismen. (...) Eine solche Macht muß eher qualifizieren, messen, abschätzen, abstufen, (...). (Sie, S. B.) richtet die Subjekte an der Norm aus, indem sie sie um diese herum anordnet." (ebd.) Hier wird die Tragweite der FOUCAULT`schen Analysen deutlich, denn es gelingt ihm die Machtpraktiken auf individueller wie auch auf gesellschaftlicher Ebene zu verorten, indem er das eine durch das andere konstituiert denkt.

Wollen wir hier aber kurz in den Bereich der symbolischen Ordnung im Feld des Sozialen bei BOURDIEU gehen, der im übrigen mit seinen Analysen ebenfalls die Ketten zwischen individuellem Handeln und gesellschaftlichen Strukturen sprengt und behaupten, dass die Bio-Macht mit ihren Praktiken und Taktiken diese symbolische Ordnung der Geschlechter einstmals generiert und konstituiert hat, die ja, wie wir gesehen haben bis in die feinsten Kapillare des Wahrnehmens, Denkens, Handelns und Fühlens reicht, gleichsam einer ganzen Kosmologie, die eine Politik für Mann und Frau enthalten. Die Transformationen, die die Bio-Macht, deren tiefer Wesenskern die Ökonomie ist, vollzieht, lässt die Frage anschliessen, wie die Entfaltung und Steigerung der Produktivkräfte mit der zunehmenden Normalisierung der Kultur zugleich einher geht.

Dieser Frage soll nun anhand des Sexualitätsdispositivs historisch nachgegangen werden. Doch zuvor kurz zurück zur Bedeutung der Ökonomie: LYOTARD betrachtet den Diskurs, ebenfalls wie

FOUCAULT als Regelwerk, das zu einer möglichen Wahr- oder Falschheit einer Aussage disponiert. Diskurse sind für LYOTARD „Aktionen, Werke, die Energie einfangen und verteilen (LYOTARD 1978, S. 12) Er will dem Verschiedenen die Dignität seiner Pluralität zurückerstatten und muss hierzu das Prinzip der Vereinheitlichung in der Moderne aufdecken. Dieses Prinzip verweist zurück auf den Begriff der Ökonomie, den wir andernorts mit BATAILLE schon definiert haben und führt sodann in die Betrachtung einer Vorherrschaft eines ökonomischen Diskurses. LYOTARD (vgl. 1989, S. 285) betont hinsichtlich der Ökonomisierung, dass die Bedeutung nicht primär im Austauschen von Objekten, sondern vielmehr im Tausch selbst liege. „Der ökonomische Satz der Abtretung erwartet den Satz der Abgeltung (...) nicht, er setzt ihn voraus." (ebd.) Die charakteristische Eigenschaft des ökonomischen Diskurses ist es also, sich andere Diskursarten zu unterwerfen und somit Aktionen, Werke und Energien mit den Diskursen der Produktion zu erzwingen. Der ökonomische Diskurs also merzt das Zufällige, Nomadische und Undisziplinierte aus und hier ist die Nähe und Anschlußstelle zu FOUCAULTs Konzeption der Bio-Macht.

> „Der ökonomische Diskurs beseitigt mit seinem notwendigen Verkettungsmodus von einem Satz zum anderen (...) das Vorkommnis, das Ereignis, das Wunder, die Erwartung einer Gemeinschaft von Gefühlen. (...) Auf diese Weise verlangt der ökonomische Diskurs des Kapitals keineswegs das politisch-deliberative Dispositiv, das die Heterogenität der Diskursarten zuläßt. Eher das Gegenteil: er verlangt deren Unterdrückung. Er duldet sie nur in dem Maße, wie das soziale Band (noch) nicht einzig und allein mit dem ökonomischen Satz (...) verschmolzen ist." (ebd., S. 293)

Anhand der dargestellten Totalisierungstendenz des ökonomischen Diskurses können wir jetzt am rechten Platz zum LYOTARDschen Bereich der Intensitäten übergehen, und behaupten, dass die Repräsentation als deutlicher Effekt hieraus erfahrbar ist. Und wenn es im Folgenden um das Sexualitätsdispositiv geht, gilt es die Ökonomisierung des sozialen Feldes, die dadurch effektive Generierung symbolischer Ordnungen – respektive des Mann- und Frau-Seins -, die wir bei BOURDIEU kennengelernt haben und deren Transformationen zu verstehen, nach wie vor behaupten mit

ADORNO (2001, S. 80) „das Ganze ist das Unwahre" und müssen diese Prämisse uns im Hinterkopf halten.

4   Das Dispositiv

FOUCAULT entwickelte das Konzept des Dispositivs vor dem Hintergrund, dass er der Annahme war, dass allein diskursive (sprachliche) Praktiken nicht ausreichen würden, um Machtbeziehungen hinreichend analysieren zu können. Als Dispositive bezeichnet FOUCAULT Machtbeziehungsbündel, die nach einer Strategie zusammengefasst sind:

> „(...), was voraussetzt, daß es sich dabei um eine bestimmte Manipulation von Kräfteverhältnissen handelt, um ein rationelles und abgestimmtes Eingreifen in diese Kräfteverhältnisse, sei es, um sie in diese oder jene Richtung auszubauen, sei es um sie zu blockieren oder zu stabilisieren oder auch nutzbar zu machen usw." (FOUCAULT 1978, S. 119-125)

Sein Begriff von einem Dispositiv geht über den des Diskurses hinaus. Das Dispositiv ist in der Lage die Heterogenität von Kräfteverhältnissen zu beschreiben. Hierunter zählt die Zusammenfassung von Diskursen, Institutionen, administrativen Entscheidungen, Gesetze, philosophische, wissenschaftliche und moralische Lehrsätze. Dies umfaßt Gesagtes ebenso wie Ungesagtes. Das Dispositiv ist das Netz das zwischen diesen Kräfteverhältnissen geknüpft werden kann (vgl. ebd.). Der Mensch ist gezwungen, das als authentisch zu erleben, was für ihn entlang dessen, was als wahr, vernünftig, normal gilt zu verhalten und zu handeln.

5   Das Sexualitätsdispositiv

Wie wir gesehen haben, erreicht es FOUCAULT Machtpraktiken im Individuum und in der Gesellschaft gleichzeitig zu verorten, indem er sie durch die gleichen diskursiven und dispositiven Praktiken konstituiert denkt, die Ausdruck im Geflecht der Beziehungen der Menschen zueinander finden. Der Sexualität kommt hierbei, in der Konzeption der Bio-Macht als Modus der Vergesellschaftung, eine Schlüsselrolle zu.

> „(Der Sex, S. B.) bildet das Scharnier zwischen den beiden Entwicklungsachsen der politischen Technologie des Lebens. Einerseits gehört er zu den Disziplinen des Körpers: Dressur, Intensivierung und Verteilung der Kräfte, Abstimmung und Ökonomie der Energien. Andererseits hängt er aufgrund seiner Globalwirkungen mit den Bevölkerungsregulierungen zusammen." (FOUCAULT 1983, S. 140)

Die Sexualität, das Geschlecht („le sexe" im Originaltitel des Bandes „Sexualität und Wahrheit")[12] gewinnt hier eine enorme politische Bedeutung, bildet sie doch das Korrelat zwischen Disziplinierung der Körper und der Kontrolle der Bevölkerung. Mit dem 17./18. Jahrhundert entstand also eine Macht, die auf die Steigerung der Produktivität, der Leistungen und folglich des Lebens im ganzen gerichtet war. Hierfür war es unabdingbar für die Macht, sich von ihren reglementierenden Praktiken zu lösen und sich im Individuum zu „verkörpern". Somit gelingt es der Macht, das einzelne Individuum gewissermaßen aufzulösen und es in der „Gattung" unauflösbar mit den Kategorien der Politik und der Ökonomie zu verflechten; die Sexualität also als Verbindung zwischen normalem Leben, gesellschaftlicher Lebensform und Steigerung der Produktivkräfte, die Gesellschaft statuieren. Es lässt sich sagen, dass die Sexualität, ein Dispositiv also, das eng verbunden ist mit sozialwissenschaftlichen und biologischen Diskursen auf der Ebene des Pathologischen und Klassifizierenden ab einem bestimmten Zeitpunkt, „Gruppen mit vielfältigen Elementen und zirkulierender Sexualität wenn nicht erfunden, so

---

[12] Das französische Wort „le sexe" bedeutet im Deutschen „Geschlecht", kann aber auch mit „der Sex" wiedergegeben werden.

doch zumindest sorgfältig angelegt und zum Wachsen gebracht (...): eine Verteilung hierarchisierter und entgegengesetzter Machtpunkte; ‚gesuchte' – das heißt gleichzeitig begehrte und verfolgte Lüste; parzellarische Sexualitäten, die geduldet und gefördert werden; Nahverhältnisse, die sich als Überwachungsverfahren ausgeben und als Intensivierungsmechanismen wirken; Induktionskontakte." (ebd., S. 61-62) Dies verweist auf die Bedeutung der entstehenden kleinfamiliären Zelle, in der Sexualität eingebettet wird, die die Bereiche der Normen und Verhaltenskodexe bestimmt, – die Generierung einer symbolischen Ordnung –, sie als positives, nicht mehr verwerfliches Feld der Beziehungen entdeckt wird.

Die Familie stellt aber zunächst ein Allianzdispositiv dar. FOUCAULT macht vier grosse strategische Komplexe aus, die sich in der Genese um den modernen Sex als spezifische Wissens- und Machtdispositive entfalten: Zunächst, datiert seit dem Beginn des 18. Jahrhunderts, sieht FOUCAULT (vgl. ebd., S. 103-105) einen Komplex in *der Hysterisierung des weiblichen Körpers*. Er macht dieses als dreifachen Prozess aus, indem er die Integration des weiblichen Körpers als „Pathologischem" ins Feld der medizinischen Praktiken, dessen biologische Verbindung im Zeichen der Fruchtbarkeit in bezug auf den ganzen Gesellschaftskörper, mit dem Binnenraum der Familie und der Fürsorge um das Leben der Kinder, annimmt. Zweitens nennt er *die Pädagogisierung des kindlichen Sexes*, also der observierenden Annahme durch die Eltern, Psychologen, Ärzte und Erziehern hinsichtlich der Definition des Kindes als präsexuelles Wesen, das alle sexuelle Aktivität physische, moralische, individuelle und kollektive Gefahren und Konsequenzen in sich birgt. Drittens die ökonomische *Sozialisierung des Fortpflanzungsverhaltens*, im Sinne steuerlicher Förderungen und Maßnahmen der Begünstigung oder auch der Geburtenkontrolle. Als letztes schliesslich die *Psychiatrisierung der perversen Lust*. Allen voran die Psychoanalyse, die sich unbewußten Prozessen, vor allem in Verbindung mit der Sexualität, annimmt, hat Bereiche des Normalen und Pathologischen im Verhalten auf den sexuellen Instinkt zurückgeführt und schliesslich dazu beigetragen, dass das Individuum sich über seine Sexualität definiert und Fläche für korrigierende Maßnahmen und Techniken an Anomalien bietet. Tatsächlich handele es sich nach FOUCAULT im gesamten eher um eine gezielte Produktion von einer bestimmten Sexualität als um vordergründige Kontrollaspekte jener. FOUCAULT zum Verhältnis zwischen Allianz und Sexualität, die historisch auf dem Boden des Vorgenannten auftritt:

> „Man kann also sagen, daß das Allianzdispositiv einem festen Gleichgewicht des Gesellschaftskörpers zugeordnet ist, das er aufrechterhalten soll: daher kommt seine Privilegierung des Rechts; daher liegt seine Stärke in der ‚Reproduktion'. (...) das Sexualitätsdispositiv hingegen führt zu einer permanenten Ausweitung der Kontrollbereiche und –formen. (...) Ist für das eine das Band mit festgelegtem Status entscheidend, so geht es im anderen um die Empfindungen der Körper, die Qualität der Lüste, die Natur auch noch der feinsten oder schwächsten Eindrücke. (...) (Es, S. B.) verläuft der Anschluß des Sexualitätsdispositivs an die Ökonomie über zahlreiche und subtile Relaisstationen – deren wichtigste aber der Körper ist, der produzierende und konsumierende Körper." (ebd., S. 106)

Die Familie hatte also zeitlebens den festen Boden für die Sexualität zu bilden und bildet die Hauptachsen zwischen Mann und Frau, Eltern und Kindern; FOUCAULT (vgl. ebd., S. 105) aber meint, dass das Allianzdispositiv in der Form und in dem Maße an Matrix einbüsst, wie ökonomische Prozesse und politisches System hierin kein angemessenes Instrumentarium mehr sehen.

5.1 Freuds Abhandlung zur Sexualtheorie

Die Frage die anschliessen muss ist, welche Bedeutung die Psychoanalyse für die Entstehung des Dispositivs der Sexualität gehabt hatte, wenn die Sexualität als solche zu einem disziplinarischen Schlüsselmoment geworden ist ab einem bestimmten Zeitpunkt. Zwar lassen sich FOUCAULTs historische Analysen mit FREUDs Psychoanalyse nicht direkt vergleichen, da es sich um verschiedenartige Denksysteme handelt, so doch gegenüberstellen und verdeutlichen, wie das Verhältnis zwischen Norm und Abweichung, Gesundheit und Pathologie die Relationen zwischen Kultur, Sexualität und Subjekt beschreibt und dimensioniert. Ich möchte den Fokus auf FREUDs dritte Abhandlung richten, die *Umgestaltung der Pubertät*. Wenn FOUCAULT die Bedeutung der Familie im Lichte und Abhängigkeit der Produktionsprozesse und -mechanismen im besonderen hinsichtlich der Subjektivierung betont (vgl. ebd., S. 61/62), soll im Folgenden deutlicher werden, wie die Psychoanalyse die sexuellen Energien in die familiäre Konstellation integriert.

In seiner dritten Abhandlung legt FREUD dar, dass nun in der Pubertät der Sexualtrieb, der „bisher vorwiegend autoerotisch" war, nun „das Sexualobjekt" finde. (2000a, S. 112) Es geht also um die Interdependenz zwischen einerseits persönlicher Entfaltung und andererseits die damit verbundene Hinlenkung der Triebimpulse auf das Sexualobjekt. Vor allem aber schliesst das die Geschlechtsidentität mit ein, da „das neue Sexualziel[13] den beiden Geschlechtern sehr verschiedene Funktionen anweist" und infolge dessen „deren Sexualentwicklung nun weit auseinander" ginge. (ebd.) In Hinleitung auf den natürlichen Geschlechtsakt differenziert FREUD zwischen Vorlust und Endlust. (vgl. ebd., S. 113ff.) Im Mechanismus der Vorlust fände sich die Bedeutung der erogenen Zonen darin, „durch ihre Reizung einen gewissen Betrag von Lust zu liefern, von dem die Steigerung der Spannung ausgeht, welche ihrerseits die nötige motorische Energie aufzubringen hat, um den Sexualakt zu Ende zu führen." Hier sei wiederum das „vorletzte Stück desselben (...) die geeignete Reizung einer erogenen Zone (...)," nämlich die Reizung des Penis durch die Schleimhaut der Scheide, was die motorischen Energien produzieren, „welche die Herausbeförderung der Geschlechtsstoffe besorgt." (ebd., S. 115) Die erste Phase bezeichnet FREUD als Vorlust und die letztere und intensivere als Endlust. Hier ungeachtet FREUDs Rekurrenz auf die Perversionen, sowie den ersten beiden Abhandlungen der *infantilen Sexualität* und den *sexuellen Abirrungen*, entfaltet FREUD vor allem in den Ausführungen zur „Differenzierung von Mann und Weib"

---

[13] Das „normale" Ziel ist die geschlechtliche Vereinigung oder zumindest die Handlungen, welche auf dem Weg zu dieser liegen. Hier fixiert er auch die Perversionen, einerseits in anatomischen Überschreitungen oder aber andererseits im Verweilen in vorbereitenden Handlungen. (vgl. Freud 2000a, S. 47ff.)

seiner dritten Abhandlung den gewichtigen Moment der Integration der Sexualität in das kleinfamiliäre Modell. Er betont, dass die Masturbation grundsätzlich männlichen Charakter habe. Er begründet dies vor allem durch die beobachtbaren spontan-entladenden Zuckungen und Kontraktionen der Klitoris. Besonders aber die häufigen „Erektionen derselben ermöglichen es den Mädchen, die Sexualäußerungen des anderen Geschlechts auch ohne Unterweisung richtig zu beurteilen, indem sie einfach die Empfindungen der eigenen Sexualvorgänge auf den Knaben übertragen." (ebd., S. 124) Anatomisch begründet FREUD über die Visualisierung der Sexualregungen am Penis die gründsätzliche Einsichtsmöglichkeit der Mädchen in die natürliche Richtung des Sexualaktes: Die durch die Erregung der Klitoris nachvollziehbare Erregung des Penis stosse das Mädchen auf ihre Scheide. Die Auflösung dieser bisexuellen Grundveranlagung ist hernach die Hürde, die in der Pubertät überwunden werden muss.

Wesentlich für seine spätere Entwicklung des Ödipuskomplexes in der Logik der Familie, sind FREUDs Ausführungen zur infantilen Angst, der nämlichen primären Angst davor, verlassen zu werden. Die Beziehung zwischen Kind und Eltern seien durch ein libidinöses Verhältnis geprägt, schliesslich „läge es dem Kinde am nächsten, diejenigen Personen selbst zu Sexualobjekten zu wählen, die es mit einer sozusagen abgedämpften Libido seit seiner Kindheit liebt." (ebd., S. 128) Dies lenke zwangsläufig die Aufmerksamkeit der Eltern auf die Sexualität der Kinder, zudem diese in Überwindung und Verwerfung inzestuöser Phantasien eine der „schmerzhaf-testen, psychischen Leistungen der Pubertätszeit" vollziehen würden. (ebd., S. 130)

Wir können in FREUDs Modell die Konnexion zwischen Geschlechtsidentität und Sexualität feststellen, eine natürliche Hinwendung zum richtigen Sexualobjekt und zum normalen Geschlechtsakt als Sexualziel, die notwendig erscheint, die abendländische Kultur zu sichern und in die Moral zu statuieren. Weniger um FREUDs Modell mit FOUCAULT zu entgegenen, in dessen Vorstellung die Negation des Kranken, Fehlentwickelten oder Pathologischen in Verhältnis zum Gesunden historisch wurzelt und das moderne Subjekt auf Matrix des Sexualitätsdispositivs generiert und kontrolliert, will ich vielmehr anhand DELEUZE und GUATTARIs bemerken, dass Ödipus für sie zu einer grundsätzlichen Kategorie für das kapitalistische Abendland wurde, von der das Denken und die Subjektivität nicht befreit ist. Sie werfen der Psychoanalyse vor allem eines vor:

> „ Die ganze Wunschproduktion wird erdrückt. Wir sagen gleichzeitig dies: Freud entdeckt den Wunsch als Libido, den Wunsch, der produziert; und er hat nichts Eiligeres zu tun, als die Libido wieder zu entfremden in der familiären Repräsentation [Ödipus]. (...) Die erneute Beschränkung des Wunsches auf eine Familienszene bewirkt, daß die Psychoanalyse die Psychose verkennt, sich nur mehr in der Neurose wiedererkennt und von der Neurose selbst eine Interpretation abgibt, die die Kräfte des Unbewußten entstellt." (1977a, S. 53)

Der Zentralaspekt ist also der, dass die Vielfältigkeit und das Undimensionierte des Wunsches zurückgeführt wird auf die Wurzel der Familie, so den Wunsch in der Sexualität wiederkehren lässt, so vereinheitlicht und in die Kanäle der Produktion einpasst.

5.2 Das Geständnis

Nach FOUCAULT ist das Geständnis – und hier spricht er von der „Garantie von Stand, Identität und Wert, die jemandem von einem anderen beigemessen werden, (hiervon, S. B.) ist man zum Geständnis als Anerkennen bestimmter Handlungen und Gedanken als der eigenen übergegangen – eine der ‚höchstbewerteten Techniken der Wahrheitsproduktion' im Abendland." (ebd., S. 62) Die Gesellschaft und das Individuum sind ganz Ohr und regen zum Bekenntnis der individuellen Lüste permanent an. Es geht so sehr immer um vor allem die Wahrheit des Sexes, der persönlichen Sexualität, ja um dessen Befreiung, dass man schon skeptisch werden muss. Und in der Tat macht auch FOUCAULT aus, dass der Sex alles andere als befreit ist und sein kann, steht er doch unter Prämissen des Geständnisses, das so sehr im Fleisch sitzt und die aktiv wirkende Macht verschleiert. Das sexuelle Geständnis, – um selbiges ging es im übrigen auch schon in den Bußpraktiken vor dem 18. Jahrhundert -, dessen zwielichtige Kausalmacht man durch das Offenlegen der Wahrheit, dem Willen zum Wissen in einer wahrhaft diskursiven Explosion im Öffentlichen und Privaten entschlüsseln will, scheint der Ursprung von allem und jedem zu sein, ein universeller Schlüssel zum Selbst.

Die psychologische Aufladung der Sexualität, mithin die Definition der persönlichen Identität über den Modus des Fühlens, darüber zu sprechen und zu empfinden, in der Sexualität bezeichnet SENNETT als „,Technologie des Selbst' (...), um die Verwendung der Sexualität zur Messung des menschlichen Charakters zu beschreiben. Ein Teil der modernen Technologie des Selbst besteht darin, mittels eines körperlichen Verlangens zu erheben, ob eine Person wahrhaftig ist oder nicht." (SENNETT 1984, S. 29) „So hat die Sexualität dann Elemente der Angst und des Selbstzweifels in die Erfahrung (...) eingeführt, (...). Gerade die Ungewißheiten, die die Sexualität für die Subjektivität schafft, (...) (macht, S. B.) die Sexualität problematischer (...) (weil, S. B.) wichtiger für unsere Selbstdefinierung." (ebd., S. 30) Und was sagt die Macht zur Sexualität?

> „Zwischen Macht und Sex gibt es stets nur ein negatives Verhältnis: Verwerfung, Ausschließung, Verweigerung, Versperrung, Verstellung oder Maskierung. Die Macht vermag über den Sex und die Lüste nichts – außer nein zu ihnen zu sagen. Wenn sie etwas hervorbringt, sind es Abwesenheiten und Lücken. (...) Die Macht spricht, und das ist die Regel. (FOUCAULT, a.a.O., S. 85) Und weiter: „Ihr Durchsetzungserfolg entspricht ihrem Vermögen, ihre Mechanismen zu verbergen. (...) Das Geheimnis stellt für sie keinen Mißbrauch dar, sondern ist unerläßlich für ihr Funktionieren. Und zwar nicht nur, weil sie es den Unterworfenen aufzwingt, sondern weil es für diese ebenso unerläßlich ist: würden sie denn die Macht akzeptieren, wenn sie darin nicht eine einfache Grenze für ihr Begehren sähen, die ihnen einen unversehrten (wenn auch eingeschränkten) Freiheitsraum läßt?" (ebd., S. 87)

Man könnte konstatieren, dass die Ekstase und das Sexuelle niemals authentischer waren als zu Zeiten, in denen sie massiv unterdrückt oder unziemlich, verboten wurden von Kirche und Staat. Worin ist das Authentische zu finden in dem „diskursiven Zuviel" des Artikel der Sexualität heutzutage. Betrachten wir die Dynamik des ökonomischen Diskurses bei LYOTARD, so klingt zunächst schlüssig, dass das gesamte Sexuelle ökonomisiert und kanalisiert ist. Verbinden wir dies mit dem Begriff der Repräsentationen, gehen wir wieder in den Bereich des Normierten, in dem wir einerseits Intensitäten ausschliessen müssen, andererseits aber auch im FOUCAULTschen Sinne von der rohen Erfahrung, die in keinen cogito gefasst ist, entfernt sind. Und wieder ist das Lebbare, wenn es sich auch transformieren mag, das nur, was sich sagen lässt. Das Problematische ist die Politik des Wahren und hier, wie auch schon andernorts, sehen wir wieder die Bedeutung NIETZSCHEs.

In FOUCAULTs „Dispositive der Macht" (1978) betont er hinsichtlich der Geschlechter, dass das worauf der Diskurs der Sexualität Anwendung fand, zunächst nicht das Geschlecht sondern „die Körper, die Sexualorgane, die Lüste, die Verwandtschaftsbeziehungen, die Verhältnisse zwischen Individuen, usw. ... (war, S. B.)" (FOUCAULT 1978, S. 145) Er sieht das Geschlecht als Instanz, wie wir es vorfinden als Gegebenheit, im Laufe des 19. Jahrhunderts auftauchen. „: mit deinem Geschlecht wirst du dir nicht einfach Lust bereiten, sondern du wirst dir Wahrheit fabrizieren, und zwar eine Wahrheit, die deine sein wird-, (...)." (ebd.) Identifikatorisch für die Identität als Mensch gilt die eigene Anerkennung als Mann oder Frau; diese Identität ist durch die Genese des Geschlechts qua des Sexualitätsdispositivs im Abendland und dieses auf heterosexueller Matrix des Allianzdispositivs der Familie konstituiert. Man hat also einen Namen, eine unterschiedliche Verortung in der sozialen Sphäre durch eine anatomische Differenz, die ab einem bestimmten Zeitbereich politisch wurde. Und dieser geschlechtliche und vergeschlechtlichende Habitus hat Beharrungskräfte, die „strukturierten und strukturierenden Strukturen des Habitus (...) (als, S. B.) Prinzip praktischer Erkenntnis- und Anerkennungsakte der magischen Grenzlinie, (...) (so, S. B.) ihre soziale Identität erzeugt, die vollständig in dieser Beziehung enthalten ist." (BOURDIEU 1997, S. 170) Die Differenz wird fortbestehen, denn die Macht funktioniert, indem sie in den Beziehungen in actu realisiert wird, dafür muss es zwischen den Subjekten per se ein Verhältnis der Differenz geben, wie dies nach wie vor noch zwischen Mann und Frau der Fall ist, die beide für sich ihre eigene Gestaltung und Autonomie haben.

5.3   Die rohe Erfahrung und „das Auge" Batailles

FOUCAULT sieht in der Thematisierung der Sexualität in unserer Kultur vor allem eine Denaturalisierung sich ausbreiten, indem sie sich in Sprache aufsaugt. Entscheidend sei die Sexualität einzig als gesprochene, allein in dem Maße wie sie gesprochen werde. Und ab diesem Moment habe die Sprache aufgehört, Momente der Enthüllung des Unendlichen zu sein. Sie führe an der Oberfläche einen Diskurs, der der Sexualität einen Anschein von Natürlichkeit und Animalität gebe. Vermittels des gesprochen W(w)erdens konnte sich von Anbeginn an in ihr eine Herrschaft errichten, in der sie unaufhörlich als Gesetz Grenzen aufstellte. (vgl. FOUCAULT 1993, S. 43/44) „In ihrer (,der Sprache, S. B.) dunklen Behausung begegnen wir (...,) den Grenzen und der Überschreitung." (ebd.) Das Verhältnis von Überschreitung und Grenze wird als ein treibendens und bohrendes beschrieben, dies insofern, dass es dem Jenseits eine Existenz erschliesst, um dann wieder aus ihr hinauskatapulitert zu werden, und sodann wieder auf den Horizont des Begrenzten zurückverweist. In der Erfahrung des Jenseits, der Überschreitung der steckt der Tod, der Verlust der Sprache verdeutlicht dies. Gewiss, „eine Sprache, die von niemandem gesprochen wird: jedes Subjekt bezeichnet darin nur eine grammatikalische Falte. (...) Und das was die Sprache ist, (...), was sie in ihrem Sein ist, das ist diese feine Stimme, dieser kaum wahrnehmbare Rückzug, diese Schwäche im Herzen und an der Haut jedes Dinges, jedes Gesichtes, die in eine unbestimmte Helligkeit – Tag und Nacht zugleich – die verspätete Anstrengung des Ursprungs und die morgendliche Erosion des Todes taucht. Das mörderische Vergessen des Orpheus, das Warten des angebundenen Odysseus – das ist das Sein der Sprache." (ebd., S. 65/66, 67/68) Bei BATAILLE wird das Auge zu einer Figur, die einen Kreis der vom Augapfel gebildeten Begrenzung zieht, die allein das Eindringen des Blickes durchbrechen kann. Dabei konstituiert er das Auge in seinem augenblicklichen Sein, wirft es aus sich heraus, lässt es bis dorthin gehen, wo sich „das Aufblitzen seines Seins ergießt" und in den

Händen nichts zurücklässt als die entnommene anatomische Kugel, die „jeden Blick ausgelöscht hat." (vgl. ebd., S. 39/40) BATAILLE inszeniert in einer Arena (ein riesiges Auge), eine für ihn so bedeutende Erfahrung, wie FOUCAULT bemerkt (vgl. ebd., S. 44), „dass der Tod mit der Kommunikation kommuniziert" (ebd.), das losgerissene Auge zu jenem Keim werde, der auf die Überschreitung verweist, das Abwesende anwesend macht, von der die Sexualität fortwährend spreche. Es gibt keine Sprache in der das Subjekt ausgeschlossen ist. Ein Beispiel einer rohen Erfahrung findet sich in BATAILLEs „Die Geschichte des Auges", wo die Antinomie von Begriff und Denken, das Unvereinbare der Sprache mit der Identität des Seins deutlich wird. „Sobald sich das Horn des Stieres (ein blendendes Messer, das die Nacht bringt, in einer Bewegung, die dem aus der Nacht des Auges heraustretenden Licht entgegengesetzt ist) in die Augenhöhle des Toreros eingräbt, die sie (die Augenhöhle, S. B.) blind macht und tötet, vollzieht Simone die Geste, (...,) und verschlingt einen fahlen und enthäuteten Keim und führt die große leuchtende Männlichkeit, die eben ihren Mord begangen hat, in ihre ursprüngliche Nacht zurück." (ebd., S. 44/45) „Zwei Kugeln von gleicher Grösse und Konsistenz hatten sich gleichzeitig in entgegengesetzte Richtung bewegt. Der weiße Hoden eines Stieres war in das rosaschwarze Fleisch Simones eingedrungen; ein Auge war aus dem Kopf des jungen Mannes hervorgetreten." (BATAILLE 1972, S. 67) Das Auge der Arena schliesst, dreht und kippt sich.

5.4   Der Mensch als Gattungswesen

Hinsichtlich der biopolitischen Konsequenzen der Bio-Macht haben wir gesehen, dass das Subjekt in der Spätmoderne als Massensubjekt zu denken ist, das sich stark über seine Sexualität definiert, auf dessen Folie sich die Okonomie einschreibt - die weniger als Erhaltung oder Reproduktion von ökonomischen Verhältnissen als vielmehr als ein Kräfteverhältnis zu verstehen ist, lesen wir den Begriff mit BATAILLE -; ziehen wir dabei nochmals LYOTARDs Betrachtung über den ökonomischen Diskurs heran, um gleichsam unvorhergesehene Bewegungen durch zwar transformierbare, aber geregelte Produktionsabläufe auszuschliessen. Das heisst, dass die Ökonomie der Identität immanent ist. Das Normale, das Disziplinierte in Variationen expandiert, an den Rändern werden nach wie vor das Abnorme markiert und klassifiziert. Bezüglich des Geschlechts, der Körper in ihrer Ordnung und Differenz im gesellschaftlichen Feld des Symbolischen bleibt die Polarisierung zwischen Norm und Abweichung im Geschlecht selbst und augenblicklich im Angesicht des Gegenübers als das Andere für sich bestehen. Denn dies drückt sich in der Ökonomie an sich aus, denn Ökonomie benötigt Differenz, den Regelabstand, der schon im Prinzip des „Tauschs" liegt. Nach ADORNO (vgl. 1975, S. 17, S. 175) entspricht das alles durchdringende Tauschprinzip dem identifizierenden Denken. Die Dinge werden mit Begriffen bezeichnet und stets dabei die spezifischen Besonderheiten abstrahiert, das Denken „vergewaltigt" so seinen Gegenstand und kategorisiert.

Mit seinem Regierungsbegriff, der *Gouvernementalität*, führt FOUCAULT den Körper und das Subjekt schliesslich als politisches Subjekt auf der Ebene der Ökonomie[14] zusammen. Der Antagonismus zwischen Subjektivation und Staatsform wird somit aufgehoben. Der moderne Staat ist individualisierend und totalisierend zugleich, das moderne Subjekt mit seinen Reflexionsbedingungen in seiner Konsequenz, kann sich nur im Horizont einer Gouvernementalität begreifen, die dem Staat sowohl und zugleich innerlich als auch äusserlich ist. (vgl. FOUCAULT 2000, S. 66) Genau dies zeichnet das Individuum als Massensubjekt aus, und so ist die Genealogie des Subjekts untrennbar verbunden mit der des Staates. Das Ende der Humanität, um mit ADORNO (2001, S. 55) zu schliessen, „besagt, daß der Einzelne als Einzelner, wie er das Gattungswesen Mensch repräsentiert, die Autonomie verloren hat, durch die er die Gattung verwirklichen könnte."

---

[14] Foucault bemerkt, dass es kaum nicht-ökonomische Analysen der Macht gibt und ist sich selbst nicht mit Sicherheit im Klaren, ob die Macht von der Ökonomie zweckbestimmt und funktionalisiert ist, die Macht sei aber auf alle Fälle tiefgehend mit der Ökonomie verbunden (vgl. Foucault 1978, S. 68-70)

„hab aus der Wäsche rausgeschaut
entlang der Schichten deren Dichte ich verwünsche
wie mein Körper ein Gesellschaftsbau von vielen
der große Nenner unter ihnen:
ich heiße Einheitsarchitekt
Du kannst auch Blödman zu mir sagen
Stimmt, wenn alles ineinanderpaßt
hat es bald nichts mehr zu bedeuten" (BLUMFELD 1994)

5.5   Foucaults Rassismusverständnis

Hinsichtlich FOUCAULTs Begriff der Bio-Macht möchte ich noch anmerken, dass dieser als Vergesellschaftungsmodus darauf hinweist, und dies wird im Schlusskapitel „Recht über den Tod und Macht zum Leben" in „Sexualität und Wahrheit" angestimmt, dass diese eine moderne Art des Rassismus generiert, die bspw. in extremer Form in Koinzidenz mit einer absoluten Diktatur ins Dritte Reich mündete. Wir haben das Subjekt als Gattungswesen markiert und behauptet, dass an den Rändern der zunehmenden Normalisierung der Gesellschaft und des Subjekts im einzelnen der Bereich des Abnormen, Unwerten und Ungesunden liegt. Die Bio-Macht hat das Leben im gesamten zu steigern, hat sich seiner angenommen, um das Subjekt zu kontrollieren und im gesamten zu regulieren. Insofern bindet FOUCAULT das Rassismusthema an das Sexualitätsdispositiv, indem die Bio-Macht in dem Maße das Biologische sozusagen verstaatlicht und totalisiert und an den Rändern das Entartete markiert. So gesehen lässt sich sagen, dass die existierende Geschlechterhierarchie, impliziert den Rahmen in dem was Mann und Frau zu sein hat, in Analogie zur Dialektik zwischen Norm und Abweichung zu sehen ist. Auch insofern ist das Rassistische jedem immanent und bei sich aufzuspüren. Es gibt also ab einem bestimmten Zeitraum ein Wissen um die Gattung, die Rasse, das dem Wissen um die Vererbung und der Genetik folgte, nicht zuletzt mit dem Ziel, sie ökonomisch in Produktionsabläufe einzuordnen und die produktive Kraft der Bevölkerung zu steigern:

„Damit tritt in Erscheinung, was als Rassismus bezeichnet werden muß. (...) Es geht nicht mehr um Schlacht im kriegerischen Sinn, sondern um

Kampf im biologischen Sinn: um Differenzierung der Arten, Selektion der Stärksten, Bewahrung der am besten angepaßten Rassen usw. (...) (Die Gesellschaft wird, S. B.) von gewissen heterogenen Elementen bedroht, die jedoch nicht wesentlich für sie sind und den Gesellschaftskörper (...) nicht in zwei Teile teilen, sondern in gewisser Weise zufällig sind. Es ist die Vorstellung von Fremden, die sich einschleichen, und von Abweichlern, die die Nebenprodukte der Gesellschaft sind. (...) Der Staat ist nicht mehr das Instrument einer Rasse gegen eine andere, sondern ist und wird zum Beschützer der Integrität, der Überlegenheit und Reinheit der Rasse." (FOUCAULT 1999, S. 94-95)

X   Thesen zur Subjektivation, Materialität und Performanz

1   Subjektivation

Wir haben bereits in einer Fussnote geklärt, was der Begriff der Subjektivation grob besagt, nämlich einerseits der Prozeß der Konstituierung des Subjekts durch die Unterwerfung und zum anderen der Prozeß des Unterworfenwerdens durch die Macht. Die Unterwerfung ist somit zugleich aufgezwungen und subjektbildend. Judith BUTLER, die sich eng an die Begriffe von FOUCAULT hält und auch auf diesen rekurriert verweist auf FOUCAULTs Formulierung des *„assujetissement"*. In „Überwachen und Strafen" betont FOUCAULT hinsichtlich der Wandlung der Strafmoral und mit „Wahnsinn und Gesellschaft", dem Ausschluss des Wahns und der Separierung, wie die Machtverhältnisse beginnen, das Körperinnere zu durchziehen in der Taktik und Strategie grosser Disziplinierungs- und Normalisierungstendenzen:

> „Für Foucault wird der Häftling nicht durch eine äußerliche Machtbeziehung reglementiert, in welcher eine Institution ein gegebenes Individuum zur Zielscheibe ihrer Unterwerfungsabsichten macht. Ganz im Gegenteil wird der Häftling geformt, genauer noch formuliert durch seine diskursiv konstituierte ‚Identität' als Häftling. Subjektivation ist buchstäblich die Erschaffung eines Subjekts, das Reglementierungs- prinzip, nach dem ein Subjekt ausformuliert und hervorgebracht wird." (BUTLER 2001, S. 81)

Anhand der Taktiken und Strategien der Disziplinierung finden wir die Schwelle im Übergang zur Kontrollgesellschaft mit der Konsequenz einer Bio-Macht, die das Individuum in der Gattung auflöst – FOUCAULT beschreibt dies in „Sexualität und Wahrheit" – und mit den Kategorien Politik und Ökonomie unentflechtbar verwoben wird.

Die Mechanismen in der Dezentralisierung der Macht beschreibt FOUCAULT folgendermassen: Die Mechanismen, die wirksam werden konnten, „welche Verteilungen, Verschiebungen, Serien, Kombinationen" analysieren und ein Instrumentarium einsetzen,

„um sichtbar zu machen, zu registrieren und zu vergleichen: es ist die Physik einer beziehungsreichen und vielfältigen Macht, die ihre grösste Intensität nicht in der Person des Königs hat, sondern in den Körpern, die durch eben diese Beziehungen individualisiert werden." (FOUCAULT 1977, S. 268) Auf der anderen Seite betont FOUCAULT die historischen Beziehungen des Ausschlusses und Trennung des Wahnsinns mit der der Sexualität. Die Beziehung ist darüber hinaus die der Grenzziehungen im Bereich der Sexualität, zwischen Erlaubnis und Verbot, Norm und Abweichung, die Sexualität der Männer und die der Frauen, der Erwachsenen und die der Kinder. (vgl. FOUCAULT 1978, S. 106) In diese Schneise dringt die Psychoanalyse ein. „Seit dem 19. Jahrhundert tritt ein grundlegendes Phänomen ein: die Verzahnung zweier großer Machttechnologien: jener, die die Sexualität antreibt, und jener, die den Wahnsinn abtrennt. (...) Es kommt also eine große Technologie der Psyche zur Welt, (...) die verborgene Wahrheit des vernünftigen Bewußtseins und den entzifferbaren Sinn des Wahnsinns." (ebd., S. 106/107) So betont auch BUTLER (vgl. a.a.O.), dass man das eherne Gehäuse der Autonomie nur dadurch bewohnt, indem man einer Subjektivation, einer Macht unterworfen wird, die diese radikale Abhängigkeit impliziert.

> „Das Subjekt erscheint auf Kosten des Körpers, eine Beziehung, die ihre Beziehung in der umgekehrten Beziehung zum Verschwinden des Körpers hat. Das Subjekt nimmt nicht nur tatsächlich den Platz des Körpers ein, sondern handelt auch als die Seele, die den Körper in Gefangenschaft einrahmt und formt." (ebd., S. 88)

Hinsichtlich der Subjektivation muss angemerkt werden, dass gleichzeitig durch das biologisch Binäre im Geschlechterverhältnis, aber nicht ausschliesslich dadurch, die diskursiven Grenzen markiert werden, die den Rahmen des Lebbaren und Sagbaren für Mann und Frau bestimmen. Es muss die Frage anschliessen, wenn der Körper in gewisser Weise „zerstört" wurde oder als gefangen zu bezeichnen ist, - und diese Frage verfolgt BUTLER in „Körper von Gewicht" -, wie die Materialität der Körper zu fassen ist, wie sich das Biologische zum Sozialen verhält.

2 Materialität der Körper

In der metaphysischen Legende aus PLATONs Symposium waren die Menschen ursprünglich alle androgyn, eine ungespaltene Ureinheit, bis sie zu einer Gefahr für die Götter wurden und Zeus sprach: "Ich glaube nun ein Mittel zu haben wie es noch weiter Menschen geben kann, und sie doch aufhören müssen mit ihrer Ausgelassenheit, wenn sie nämlich schwächer geworden sind." (PLATON 1997, S. 104; 202b-c) Die Kategorie des Geschlechts ist das, was FOUCAULT ein „regulierendes Ideal" nennt. Demnach verursacht der Diskurs die sexuelle Differenz und das biologische Geschlecht ist somit nicht nur Teil einer Norm, sondern auch Teil einer regulierenden Praxis, die Körper erzeugt und beherrscht. (vgl. BUTLER 1997, S.21) Wie ist das aber genauer zu verstehen vor dem faktischen Hintergrund differenter organischer Fortpflanzungs- funktionen zwischen den Geschlechtern? Was BUTLER im weiteren betont (vgl. ebd., S. 22-38) ist, dass das Geschlecht „männlich" oder „weiblich" eines beider jenen Normen sein wird, durch die man überhaupt erst lebensfähig wird. Insofern verbindet sich hiermit eine fundamentale Kritik an der Konstruiertheit, weil sich das soziale Geschlecht nicht länger als was verstehen lässt, das sich der Oberfläche einer Materie – ausgewiesen als der biologische Körper – auferlegt und eingeschrieben wird. Denn das biologische Geschlecht ist selbst in seiner Normativität zu verstehen, – wenn die Macht, wie FOUCAULT sagt, materialisiert -, weil die Materialität des biologischen Körpers nicht unabhängig von der Materialisierung durch jene Normen gedacht werden kann. Weiterhin unterstellt der Konstruktivismus ein absichtsvolles, initiierendes Subjekt, dessen einseitiger Prozeß hier abgewiesen werden muss. So schliesst sich die Frage nach dem Ursprung als Ort der Wahrheit an, der nicht gedacht werden kann. FOUCAULT, sich auf NIETZSCHE berufend, merkt hinsichtlich des Ursprungs an:

> „Die Suche nach einem solchen Ursprung ist die Suche nach dem, ,was schon war', nach dem ,es selbst' eines mit sich übereinstimmenden Bildes; sie hält alle Umwälzungen, alle Hinterlistigkeiten und alle Verkleidungen für bloße Zufälle; sie möchte alle Masken abtun, um endlich eine erste Identität aufzudecken. (...) (Aber der Genealoge erfährt bei dem Blick auf die Geschichte, S. B.) Daß es hinter allen Dingen ,etwas

ganz anderes' gibt: nicht ihr wesenhaftes und zeitloses Geheimnis, sondern das Geheimnis, das sie ohne Wesen sind (...)." (FOUCAULT 1993, S. 71)

BUTLER (vgl. 2001, S. 25/26) merkt an, dass die Bedeutungen des sozialen Geschlechts die Figur des biologischen Geschlechts verdeckt, indem sie durch das Soziale ersetzt wird. In dieser Sichtweise setzt die soziale Konstruktion des Natürlichen voraus, dass eben das Natürliche vom Sozialen ausgestrichen und somit unzugänglich wird. „Dem sozialen Geschlecht unterworfen, durch das soziale Geschlecht aber auch zum Subjekt gemacht, geht das ‚Ich' diesem Prozeß der Entstehung von Geschlechtsidentität weder voraus, noch folgt es ihm nach, sondern entsteht nur innerhalb der Matrix geschlechtsspezifischer Beziehungen und als diese Matrix selbst." (ebd., S. 29) Insofern kann nur das „Nichts" vor einer Intelligibilität liegen. Die Bildung des Subjekts verlangt die Identifizierung mit einem Geschlecht, die durch Performativität, sich ständig wiederholende Praxis hervorgebracht, beschränkt und reguliert wird, die kulturelle Norm einer heterosexuellen imperativen Matrix. Weiter merkt BUTLER (vgl. ebd.) an, dass alles Wollen erst durch diese Matrix ermöglicht wird und diese Keimschicht der geschlechtsspezifischen Beziehungen gehe dem Werden des Menschen voraus. Sozusagen als „sedimentierte Wirkung einer andauernd wiederholenden Praxis erlangt das biologische Geschlecht seinen Effekt des Naturalisierten; und doch tun sich in diesen ständigen Wiederholungen auch Brüche und feine Risse auf als die konstitutiven Instabilitäten (...), dasjenige, was der Norm entgeht oder über sie hinausschießt, (...)." (ebd., S. 32/33)

3   Performanz des Geschlechts

BUTLERs Ansicht nach, und das ist die grundlegende These in „Das Unbehagen der Geschlechter", ist die Geschlechtszugehörigkeit performativ erzeugt. Damit möchte sie nicht zum Ausdruck bringen, dass das Geschlecht in erster Linie durch Handlungen, Gesten, Sprache und Inszenierungen für sich begriffen wird, sondern dass die Performanz reziprok die Illusion erzeugt, es gebe einen Geschlechterkern. (vgl. ebd., S. 135/136) BUTLER meint damit, dass rückwirkend erst der Effekt eines wahren Wesenskerns im Geschlecht erzeugt wird, eine Praxis, die permanent zitiert werden muss. „(...) Akte, Gesten und Begehren erzeugen den Effekt eines inneren Kerns oder einer inneren Substanz; doch erzeugen sie ihn auf der Oberfläche des Körpers, und zwar durch das Spiel der bezeichneten Abwesenheiten, die zwar auf das organisierende Identitätsprinzip hinweisen, aber es niemals enthüllen." (BUTLER 1991, S. 200)

Während sich FOUCAULT mehr oder weniger eindeutig gegen die Psychoanalye als „machterhaltende und -stützende Theorie" wendet, sucht BUTLER, obgleich sehr FOUCAULTs Begrifflichkeiten verpflichtet, den Dialog mit der Psychoanalyse. BUTLER merkt an, die Psychoanalyse argumentiere, dass das zum Ausdruck gebrachte, das Performierte sich nur in Relation auf das verstehen lässt, was von der Performanz ausgeschlossen wird, was nicht performiert werden könne oder wolle. (vgl. 2001, S. 136)

Identität lässt sich mithin nur im Sinne einer für die Identität konstitutive geschlechtliche Differenz denken. „das Ich ist (...) ein besonderes Objekt innerhalb der Erfahrung des Subjekts. (...) (Das Subjekt, S. B.) blockiert sich, es wird angezogen von dem zugleich täuschenden und realisierten Bild des anderen oder überhaupt von seinem eigenen Spiegelbild." (LACAN 1975 S. 60/73) So wird Geschlechtsidentität in Beziehung zu eben dem „regulierenden Ideal" mit seinen Vorstellungen und Normierungen angenommen, ein Ideal, das sich aber immer nur imitieren lässt. Man bedenke, dass es den einen oder anderen unter Umständen durchaus einen Moment lang irritieren mag, hört er von sich in der dritten Person als Mann reden.

3.1   Die Melancholie

BUTLER unternimmt den Versuch die „Geschlechtermelancholie" mit der Performanz des Geschlechts zusammen zu führen. Wenn die Melancholie mit FREUD (in seinem Aufsatz „Trauer und Melancholie") der Effekt eines unbetrauerten Verlust ist, nämlich des anderen, merkt BUTLER (vgl. 2001, S. 137f.) an, dass sich dann die als Mimesis verstandene Performanz auf die Problematik des nicht betrauerten Verlusts versteht. BUTLER spricht also von einer heterosexuellen Melancholie, „jene Melancholie, die eine männliche Geschlechtszugehörigkeit aus der Weigerung hervorgehen läßt, um das Männliche als Liebesmöglichkeit zu trauern; eine weibliche Geschlechtszugehörigkeit wird ausgebildet (angenommen) durch die inkorporative Phantasie, durch welche das Weibliche als mögliches Liebesobjekt ausgeschlossen wird, ein Ausschluß, der nie betrauert wird, der aber durch eine erhöhte weibliche Idenitifizierung ‚bewahrt' wird." (ebd., S. 138)

BUTLER spekuliert hiermit als Zeichen tiefgreifender Verleugnung. Sie betont jedoch im weiteren (vgl. ebd. S. 138-142), dass diese Melancholie auch innerhalb der Homosexualität ausgebildet werden kann. Nämlich dann, wenn dort ein konstitutiver Bezug zur Heterosexualität verleugnet wird, in gewisser Weise die Identifizierung die einer verworfenen Heterosexualität ist. Damit eine homosexuelle Identität den „Anschein einer Kohärenz wahren kann, muß die Heterosexualität an diesem verworfenen und zurückgewiesenen Platz bleiben. Paradoxerweise müssen die heterosexuellen Reste einer solchen Identität genau dadurch bewahrt werden, daß man auf der nahtlosen Kohärenz einer spezifisch schwulen Identität beharrt.(...) eine radikale Identitätsverweigerung darauf hindeutet, (...), daß eine (heterosexuelle, S. B.) Identifizierung vollzogen und verleugnet wurde, deren symptomatische Erscheinung (...) die Überdetermination der Identifizierung ist, die gleichsam auf dem Leib getragen wird." (ebd., S. 140)

3.2   Begehren vs. Sexualitätsdispositiv

Im Folgenden möchte ich den Begriff des Begehrens aufnehmen und näher bestimmen auf die Bedeutung hin, die sie für die Selbstbestimmung des Subjekts vor dem Hintergrund des Sexualitätsdispositivs haben. Wie wir gesehen haben, konstituiert das moderne Subjekt am Beispiel der Sexualität seine Wahrheit. Das was DELEUZE „Gefüge des Begehrens" nennt und worin er seine

Replik auf FOUCAULTs Dispositive der Macht gründet ist das, was er als „Heterogen-Gefüge bezeichnet, „das funktioniert; es ist Prozeß im Gegensatz zu Struktur oder Genese; es ist Affekt im Gegensatz zu Gefühl; (...) (die, S. B.) (Individualität eines Tages, einer Jahreszeit, eines Lebens), im Gegensatz zu Subjektivität; es ist Ereignis im Gegensatz zu Ding oder Person. Und vor allem impliziert es die Konstitution eines Immanenzfeldes oder eines ‚Körpers ohne Organe', der sich nur durch Intensitätszonen, Schwellen, Gradienten, Ströme definiert." (DELEUZE 1996, S. 31) Das Begehren besitzt also keine natürliche Realität. Im Gegenteil würden „Fluchtlinien" durch die Dispositive der Macht blockiert und versperrt, es zur primären Gegebenheit einer Gesellschaft, dass dort alles flieht. Obgleich DELEUZE die Existenz von Machtdispositiven nicht abweist, sieht er diese doch als sekundären Effekt an und die Gefüge des Begehrens als das, was erst Machtformationen ausbreitet. Hiernach wäre Macht ein Affekt des Begehrens. Er betont weiter (vgl. ebd., S. 22/23), dass die Macht aber insofern repressive Wirkung erzeuge, indem sie dem Begehren ihre Spitzen nehme. Wo die Gefüge zerstört werden in ihrer Mikro-Realität und ihrer Potentialität, verbleibe der Fortbestand der gekappten Spitzen nur noch in Fantasmen, durch die sie anders wieder erscheinen oder sich etwa in schamhaften Angelegenheiten finden. So sei die Sexualität als ein historisch bestimmbares Gefüge des Begehrens aufzufassen, welches mit ihren „Kombinations-, Strom- und Deterritorialisierungsspitzen auf eine molare Instanz, ‚das Geschlecht', reduziert werden." (ebd., S. 23) Interessant ist hier die Verbindung zum „Anti-Ödipus". Einerseits ist das Buch von DELEUZE/GUATTARI (1977) als massive Kritik an der Psychoanalyse zu verstehen, weil alles was die persönliche Integrität und Identität betrifft auf die ödipale kleinfamiliäre Situation bezogen ist, was unserer kulturellen Norm entspricht, andererseits aber mit der Betrachtung des Subjekts als „Wunschmaschinen", welche gewissermaßen das Unbewusste zu den technischen und gesellschaftlichen Maschinen bilden. „(...:) sie manifestieren und mobilisieren die libidinösen Besetzungen (Wunschbesetzungen), die den bewußten und vorbewußten Besetzungen (Interessenbesetzungen) eines bestimmten gesell-schaftlichen Feldes in Ökonomie, Politik und Technik

‚entsprechen'." (DELEUZE/GUATTARI 1977, S. 517) Die Regel immerfort das Produzieren zu produzieren mache den Charakter der Wunschmaschinen aus. Die Wunschmaschinen erschaffen den organlosen Körper erst als einen Organismus, der innerhalb der „konnektiven Synthese als Identität des Produzierens und des Produkts" erscheint. (ebd., S. 15) Die gesellschaftliche Produktion im rein phänomenologischen Vergleich bestimme dagegen einen Sozius als vollen Körper, der eine Oberfläche darstelle, auf der sich die gesamte Produktion aufzeichne, der sie sodann zu entspringen scheine. (vgl. ebd., S. 16/17) Eine Parallele oder vielmehr zur besseren Verständigung können wir an dieser Stelle LYOTARD heranziehen, wenn er hinsichtlich der Sprache in der Moderne meint sie sei ein Land, „in der Kraft ökonomisiert (=eingespart) und Intensitäten ausgeschlossen werden. (...) Der wissenschaftliche Diskurs funktioniert gegenüber den Intensitäten als Regulierungsmaschine, die Ereignisse werden zu Elementen einer Ganzheit." (LYOTARD 1978, S. 64) Das Begehren, - dem nach DELEUZE die Lust immanent ist, dieses Gefüge aber unterbricht -, die Wünsche und deren Ökonomie kann in Zusammenhang gebracht werden mit dem Begriff der Intensität; hinsichtlich Begehren, Wünschen und Intensitäten ist zu sagen, dass sie in ihrer Reinheit die Kanäle, also die Produktionsverhältnisse nicht passieren können. Auch FOUCAULT mit seinem kritischen Verständnis des Begriffs der Souveränität und ADORNO mit dem Verschwinden des Besonderen im Allgemeinen diagnostizieren, wie das Eigentliche absorbiert wird. Deshalb ist es jetzt nach den theoretischen Ausführungen an der Zeit, sich auf die Suche nach ethischen Implikationen zu machen, die helfen sollen Wünsche, Intensitäten, das Besondere herauszuschälen und gleichsam das Normierte insoweit konterkarieren, dass wir zu einem würdigen Begriff des „Menschlichen" und einer persönlichen Wahrheit kommen, die alles Verblendete als das „Inhumane" identifizieren kann und sich selbst als Selbstsorge, aber sich auch als die Sorge um den Anderen (in sich) ausweist.

> „wie soll ich dir nah sein,
> wenn ich nicht weit genug von mir selbst
> entfernt sein kann

schließlich war ich im Fußballverein;
Kick'n'Rush
wann hört Macht auf?
hier fängt Macht an! (BLUMFELD 1992)

XI   Ethische Gesichtspunkte im Umgang mit sich und Anderen

*Maskierungen fallen ab, Verkrustungen, Schorf,
Polituren. Die blanke Haut. Unverstellte Züge.
Mein Gesicht, das wäre es. Dies das deine. Bis auf
den Grund verschieden. Vom Grund her einander
ähnlich. Frau. Mann. Unbrauchbare Wörter. Wir,
jeder gefangen in seinem Geschlecht. Die
Berührung, nach der es uns so unendlich verlangt,
es gibt sie nicht. Sie wurde mit uns entleibt. (...)
Fremde Namen, die wir uns zulegen. Die Klage in
den Hals zurückgestoßen. Trauer verbietet sich,
denn wo sind die Verluste? (Christa Wolf; Kein
Ort. Nirgends)*

*Zurück zum Haus zwischen den Gleisen und dem
Garten, in dem die Apfelbäume warten, auf die ich
kletterte, mich vor Erdanziehung rettete bis
jemand rief und ich dann in die Küche lief auf
meinen Platz, den ich verließ wie einen Glauben
wie die Klassenzimmer, Sportplätze, Partykeller
Sicherheitszonen geschaffen von Eltern und
Menschen, die in Luftschutzbunkern wohnen, in
denen du sonst nichts vermißt außer dir selbst und
sobald du dich fragst, wer das ist und ob du dir so
wie du bist gefällst wird das der Moment, in dem
du das Gebäude verläßt mit ihm einen Berg von
Leichen, deine, ich sah meine auf den Schienen bei
gestellten Weichen ein letztes Mal die Köpfe
schüttelnd liegen und fuhr fort und drüber weg.
(Blumfeld 1992)*

In der Frage nach der Gestaltung des eigenen Mann-Seins haben
sich die Perspektiven etwas verändert. Die tradierten und in sich
reduzierten Männlichkeitsvorstellungen und –vorgaben spielen
heute nicht mehr die Rolle. In Verbindung mit Individualisierung
und Pluralisierung bekommt die Werdung des Mann-Seins mehrere
Optionen zur Hand, was vor allem die Jugend vor eine
Gestaltungsfrage stellt. Einerseits ist positiv, wie sich männliche
Werte und Muster aufweichen, denn hieraus ergeben sich zweifellos
auch Ansatzpunkte, sich eines gewissen Instrumentariums oder

Werkzeugs zu bedienen: der Ethik, um sich mit dem Junge- oder Mann-Sein auseinander zu setzen. Wichtig ist hier der Gegenüber, der bei der Suche nach Antworten unterstützt. Wie aber andererseits in den vorangegangenen Kapitel dargestellt, scheint mir die Lösung nicht in einer „falschen" Pluralisierung und Individualisierung zu liegen, denn in dieser ist der Mensch tatsächlich nicht ein Stück weit näher an seiner Freiheit. Wenn es also im Folgenden um den Selbstbezug geht, so geht es vor allem auch um das Nichtidentische, das Andere, das es aufzuspüren gilt, gleichsam die Vorstellungen des Ich in ein anderes und reflektierteres Verhältnis zur Wahrheit der Normen ermöglicht. Hier klingt an, dass es darum geht, die persönliche Subjektivation zu unterwandern, genau da, wo es persönlich notwendig ist, und dies ist es insofern, sobald man über Normen nachdenken muss. Dies hört sich gar nicht so schwer an, doch wir müssen bedenken, dass Machtpraktiken sich im sozialen Raum artikulieren und symbolisch ausdrücken, die jegliche Form von Beziehung erst gestalten, da die Macht jedes Körperinnere durchzieht, dies aber nie ganz und gar, und hier können sich Widerstandpunkte bilden, die eine Reflexion ermöglichen. Es soll natürlich nicht darum gehen eine Identität durch eine andere zu ersetzen, das wäre ja auch der blanke Unsinn, sondern vielmehr darum, das Subversive im Anderen durch das Aufsuchen von Wünschen, des Anderen und Nichtidentischen zu erschliessen und auf eine optionale Lebbarkeit in Bereichen persönlicher Wahrheit hin zu prüfen. Hinsichtlich der Individualisierung und Pluralisierung, der Erweiterung der Möglichkeiten, möchte ich kurz anmerken, dass man aufpassen muss, den Faden zu sich nicht zu verlieren, Spiegel nur reflektieren, was sie abbilden, die Mimesis zum Zentralpunkt wird. Mit einer Ethik geht es also darum, ein Bewusstsein zu schaffen. Der zentrale Blickpunkt richtet sich somit auf die Perspektive einer Vermenschlichung durch Ent-Individualisierung, der Eintritt zu einem freieren Denken, das nicht die Freiheit des Marktes ist. Wenn wir also das „Unmenschliche" denunzieren wollen, wie BUTLER (vgl. 2003, S. 110) bemerkt, gilt es dessen Ambiguität zu erkennen, denn der Begriff des „Unmenschlichen" wird benötigt für die Konzeption des „Menschlichen".

1 Zum Selbstbezug und der Sorge um sich

Als Einstieg in ethische Implikationen möchte ich einen letzten literarischen Ausflug zu GOETHE unternehmen. Sein Bildungsroman „Wilhelm Meisters Lehrjahre" erzählt die Geschichte vom jungen und theaterbegeisterten Wilhelm Meister, der, umherziehend, seine Erfahrungen in Leben und Liebe als Ausbildung versteht. Zeitlich ist der Roman an der Schwelle zur Moderne angesiedelt. Wilhelm Meister ist hungrig danach zu erfahren, was das wirkliche Leben denn sei, daher seine Liebe zur Schauspielerei. Markant ist, daß Wilhelm Meister gerade „Hamlet" probt und aufführt. Hamlet bei SHAKESPEARE ist ein Typus, der sich dem Betrachter in vielerlei Varianten darbietet: als philosophischer Grübler, Sinnsucher, ein von den Zwängen der Welt Überforderter, sensibler Schöngeist und humanistischer Weltverbesserer. Jemand aber gewiss: einer der sich selbst immer sein eigener Zuschauer ist. Ähnlich ist es mit Wilhelm Meister. Freund Jarno spricht ihm später die Fähigkeiten zum Schauspieler mit der Begründung ab, er könne nur sich selbst spielen, das sei keine Schauspielerei. „Die meisten Menschen, selbst die vorzüglichen, sind nur beschränkt; jeder schätzt gewisse Eigenschaften an sich und anderen; nur die begünstigt er, nur die will er ausgebildet wissen." (GOETHE 1997, S. 585) Jarno will Wilhelm Meister damit sagen, dass jede Anlage wichtig und ausbildungsberdürftig ist, denn die Kräfte „sind unter sich oft im Widerstreit, und indem sie sich zu zerstören suchen, hält sie die Natur zusammen und bringt sie wieder hervor." (ebd.) Ohne Gegensätze kann es somit auch kein Gleichgewicht geben.

Mit zunehmendem Maße der Möglichkeit der Gewinnung des „Eigenen", in dem Maße wie die Fremderziehung sich zurückzieht, liegt die Verantwortung bei einem selbst. Zwar ist der Mensch nicht „urheberrechtlich" für seine Geschichte und Biographie, geschweige denn für seine Identität zu verantworten, doch sieht sich der Mensch irgendwann an dem Punkt, an sich selbst weiter arbeiten zu müssen. Allzu leicht aber kann diese Selbsterziehung als verlängerter Arm der Fremderziehung fungieren. Genau dort aber wird das Vermögen zur Selbstreflexion entscheidend, ein Parameter des prozessualen selbstständigen Denkens, das die Synthetisierung von Identität und ihre Reproduktion zu durchschauen vermag, das gerade Erziehung initiieren sollte.

In FOUCAULTs Untersuchungen zur antiken Philosophie und im Rahmen seiner Vorlesungen in Berkeley zur „Genealogie der kritischen Haltung" geht es um die *Parrhesia*. Die Parrhesia bedeutet alles zu sagen, die Freimütigkeit die Wahrheit zu sagen. (vgl. FOUCAULT 1996, S. 9-11) Bei der Parrhesia hebt das sprechende Subjekt zweierlei hervor: einerseits, dass er das Subjekt des Aussagens und andererseits er das Subjekt des Auszusagenden ist. (vgl. ebd.) Wenn wir von Parrhesia sprechen, dann sprechen wir vor allem von einer Praktik, die sich auf sich selbst bezieht und notwendigerweise auch auf den Gegenüber. Sie setzt aber Selbsterkennung in Relation zur Selbsttäuschung voraus, eine mithin schwierig zu bewerkstelligende Aufgabe, die zu keiner Zeit abgeschlossen sein kann, kämpft nicht jeder oder zumindest viele bisweilen gegen die tägliche Maschinerie in sich. Die Bedingung dafür, was zu verändern kann nur die Unzufriedenheit, die Unruhe sein, etwas Treibendes in sich zu erfühlen. Auf der Suche danach zu sein, wer und was man ist, das Überdenken von Normen und Mustern und schließlich das Handeln verlangt einem viel Mut ab, denn man setzt sich aufs Spiel, indem man einerseits zunächst an Sicherheit und Kontinuität für sich selbst verliert und andererseits auch immer Gefahr läuft von seinem mitmenschlichen Umfeld sanktioniert oder abgestraft zu werden. Es geht aber darum sein Leben nicht leben zu lassen und eine wirklichere Souveränität über sich zu erlangen und eigenes Denken und Handeln in Übereinstimmung mit jener gewählten Ethik zu bringen. Eine Technik zur Praktik der Parrhesia ist in der *Askese* zu sehen. Das griechische Wort askesis bedeutete für die Griechen nicht das was wir Abendländer heute darunter verstehen, sondern eine jegliche Arten von praktischer Übung bezeichnenden Sinn. In der antiken Philosophie der Lebenskunst war damit also Übung gemeint, eine Übung mit deren Hilfe sich der Mensch sein eigenes Leben formt und verändert. Dies muß durch *mathesis* und *askesis* erlernt werden. Es ist also theoretisches Wissen über sich notwendig, das praktiziert werden muss. (vgl. ebd., S. 150) FOUCAULTs Ansicht nach brauche jeder einen *parrhesiastes*, einen der alles sagt, einen den jeder braucht, um sich aus seiner Selbsttäuschung zu befreien. „Nicht vor Irrtum zu bewahren, ist die Pflicht des Menschenerziehers, sondern den Irrenden zu leiten, ja ihn seinen Irrtum aus vollen Bechern ausschlürfen zu lassen, (...)." (GOETHE, a.a.O., S. 524) Dabei ist aber an die Verantwortung für den Anderen zu appellieren: „Ziehe nicht nur die Wahrheit dessen in Betracht, was du sagst, sondern auch, ob der Mann, zu dem du sprichst, die Wahrheit ertragen kann" (FOUCAULT a.a.O., S. 157) Aber an anderer Stelle bemerkt GOETHE, und hierin ist deutlich die Haltung zu erkennen, die m.E. ein parrhesiastes einnehmen sollte: „Wenn wir, sagtest du, die Menschen nur nehmen, wie sie sind, so machen wir sie schlechter; wenn wir sie behandeln, als wären sie, was sie sein sollten, so bringen wir sie dahin, wohin sie zu bringen sind." (a.a.O., S. 564)

Judith BUTLER merkt in ihren ADORNO-Vorlesungen an, dass die Ethik einen entscheidenden Fehler mache, wenn sie sich direkt der Frage danach, welchen Normen man folgen solle, wenn man entscheidet, was man tun soll, zuwende und nicht einerseits bedenke, woher diese Normen kommen, wozu sie dienen und andererseits sich klarmache, dass die Selbstreflexion immer in gesellschaftliche Strukturen eingebettet sei.

BUTLER verweist auf die große Nähe zwischen FOUCAULT und ADORNO in ihrer ethischen Konsequenz, wenn sie sagt ADORNO verfolge das ethische Projekt auf Ebene der Gesellschaftskritik, denn das eine sei dem anderen innewohnend und FOUCAULT zeigen wolle, wie das Subjekt nie durch gesellschaftliche Normen ganz hervorgebracht werden könne, wenn diesen Normen nicht ein Subjekt gegenüber stehe, das diese Normen für sich reflexiv als Ethik artikuliere. (vgl. BUTLER 2003, S. 7-11)

Wir haben mit ADORNO bereits die Differenz zwischen dem Allgemeinen und dem Speziellen kennengelernt, und genau hierin liegt m.E. auch der Aspekt, was ethische Fragestellungen als Kritik ausweisen muss und somit den kollektiven ethischen Geist, ich hatte bereits die Täuschung von Individualisierung und Pluralisierung erwähnt, prüft. Die Welt soll ja keineswegs in Chaos versinken, und sicherlich ist eine öffentliche Moral[15] ein irgendwie notwendiges und unverzichtbares Supplement unserer Existenz – und es mag auch so scheinen, als habe diese öffentliche Moral in Teilen die Bedeutung der Religion geschwächt und ersetzt – aber es geht um das Fruchtbare im Lebendigen des Menschen; Menschen, die sich als freier bezeichnen könnten in Denken und Handeln, trotz der jeweils immer wieder hervortretenden eigenen Psychologie in Mann und Frau, die sich bisweilen in einer „geschlechtsspezifischen" Eigenheit oder Unart äussert, weil die Seele im Geschlecht manchmal so wenig Platz findet. Es geht darum, sich über den großen kulturellen „Verblendungszusammenhang", dessen Triebkräfte und sich selbst als Projektionsfläche, die gleichwohl auf alles andere projiziert, zu verdeutlichen, sich davon zu entindividualisieren -subjektivieren, sich zu vermenschlichen und das Zarte wieder aufzuspüren, denn nur hieraus bestehen Optionen auf ein anderes im Mann-Sein, eine selbstbezügliche wahrhaftigere Ästhetik zu betreiben, über eine Kritik, die gesellschaftliche Verhaltensmodi, deren Wirkungen, Absichten und Ziele in Frage stellt. Insofern liegt RIMBAUD richtig, wenn er sagt „Moral sei Schwäche des Gehirns".

BUTLER bemerkt, dass ein durch Normen hervorgebrachtes Subjekt immer noch sein persönlichen Umgang mit der Moral finden muß und nicht daran vorbeikommt diesbezüglich Stellung zu sich zu beziehen, und auf NIETZSCHEs „Genealogie der Moral" rekurrierend, bemerkt sie, dass wir insofern dazu gezwungen sind uns vor uns selbst zu rechtfertigen und was über uns zu sagen, in dem Moment, wo wir einen anderen beschuldigen oder aber selbst beschuldigt werden. (vgl. ebd., S. 23) Vergegenwärtigen wir uns, dass es etwa bei Männern untereinander oder auch zwischen Männern und Frauen häufig zu artikulierten oder auch stillen Wertungen kommt, können wir uns FOUCAULT annehmen, wenn er sagt, dass dem Subjekt als Effekt von Macht konstituiert die

---

[15] Moral schließt eine Ethik mit ein, „als spezifische Form des gesellschaftlichen Bewußtseins; System geltender Normen, Grundsätze und Regeln sittlichen Verhaltens" (Fremdwörterlexikon 1985)

Möglichkeiten andererseits, sich in einem Rahmen selbst zu konstituieren, nicht entschwunden sind:

> „Gewiß enthält jede moralische Handlung ein Verhältnis zu dem Wirklichen, in dem sie sich abspielt, und ein Verhältnis zu dem Code, auf den sie sich bezieht; aber sie impliziert auch ein bestimmtes Verhältnis zu sich; (...) in der es sich eine bestimmte Seinsweise fixiert, die als moralische Erfüllung seiner selber gelten soll; und um das zu tun, wirkt es auf sich selber ein, geht es daran, sich zu erkennen, kontrolliert sich, erprobt sich, vervollkommnet sich, transformiert sich. (...) keine Konstitution des Moralsubjekts ohne ‚Subjektivierungsweisen' und ohne ‚Asketik' oder ‚Selbstpraktiken', die sie stützen. Die moralische Handlung ist nicht zu trennen von diesen Formen der Einwirkung auf sich selber (...)." (FOUCAULT 1989, S. 39f.)

Es wird der Rahmen deutlich, in dem sich persönliche Freiheit nur abspielen kann. Es lassen sich nicht einfach die Normen negieren und von Zwängen ist sich mithin nie ganz zu befreien. So ist die persönliche Handlungsfähigkeit auch immer an den kulturellen Kontext gebunden, deren Substrat das Subjekt ist.

In der Frage nach der Selbstkonstitution bei FOUCAULT, bemerkt BUTLER, dass das was im Modus des Sein möglich ist, von vorne herein durch das „Wahrheitsregime" begrenzt sei. Hinterfrage man also das Wahrheitsregime, so hinterfrage ich auch gleichzeitig das Sein an sich und mich, durch welches mir mein eigener ontologischer Status erst zugewiesen wird. Die Gefahr liege darin, von Anderen nicht anerkannt zu werden, aber gleichzeitig die Chance, „dass bestimmte Anerkennungspraktiken (die immer auch allgemeine sind und nicht eigene Kreationen, S. B.) oder auch bestimmte Zusammenbrüche in der Praxis der Anerkennung selbst einen Schauplatz der Unterbrechung im Horizont der Normativität eröffnen und implizit nach der Einsetzung neuer Normen verlangen, (...)." (BUTLER a.a.O., S. 34) Er stelle aber nicht weiter die Frage nach dem „Du". Die Infragestellung der eigenen Wahrheit sei eben gerade auch motiviert durch das Verlangen den Anderen anzuerkennen, - wie ich meine, auch des Anderen in sich -, und durch die momentane Unmöglichkeit, dies mit den zur Zeit verfügbaren Normen zu tun. (vgl. ebd., S. 31-38)

2   Die Sorge um den Anderen

Vorab ist zu sagen, und dies betrifft die Sorge um sich sowie die für Andere, dass einzig und allein die Liebe in ihrer Reinheit der Substanz das Potential aufbringen kann, die Liebe um ihrer selbst willen ungeachtet ihrer Verstellungen im Blick es vermag, sich gegen das Ökonomische zu richten. Es geht nicht darum, einen Defätismus heraufzubeschwören, wenn ich behaupte, dass Liebe und Solidarität keine Selbstverständlichkeiten sind; dennoch, wenn es um die Sorge um den Anderen geht, sind gerade Liebe und Solidarität zwei jener Prämissen, auf die sich die Soziale Arbeit berufen muss. Dies schliesst aber mit ein – in einem Hinweis auf die Ökonomisierung des Sozialen, hinsichtlich dessen haben wir bereits bei FOUCAULTs Regierungsbegriff die zunehmende Indifferenz zwischen Ökonomie und Subjekt in einer totalitären bio-mächtigen Strategie gesehen, müssen jetzt mahnend darauf hinweisen, dass der Mensch als Gattung, d. h. als Gegenstand seines eigenen Denkens und Objekt seiner eigenen Problematisierungen „verschwindet wie am Meeresufer ein Gesicht im Sand" (FOUCAULT 1974, S. 462) - , dass die Soziale Arbeit vor dem Hintergrund der Liebe und der Solidarität ihr kritisches und oppositionelles Potential neu weckt. Wenn FOUCAULTs Philosophie in die Theoriebildung Einzug hält, kann sie sich dessen gewahr werden, heraustreten aus ihren bisweilen oft reaktiven Haltungen und vor allem aber, und dies auch dringenderweise, den Gegenpunkt zur Ökonomisierung des Sozialen bilden, dessen momentaner Ausdruck bspw. die Qualitätsdebatten sind. Es ist diese Dialektik, der sich die Soziale Arbeit stellen muss, nämlich zu fungieren und dabei vordergründig einen Beitrag zum „Positiven" und „Guten" zu leisten. Gewiss verschleiert aber die Philantrophie der Sozialen Arbeit vielerlei Kontrollmomente und Separierung des Abnormen an den Rändern der Gesellschaft – wir werden später auf ADORNOs Begriff der Mündigkeit zu sprechen kommen - , gerade in dem sie an der Ausgrenzung und, wir können es ruhig so nennen, an Entwürdigungen teilnimmt. Ein Beispiel, - der geschlechts-spezifische Bezug lässt sich hier zwar vermissen, aber letztlich ist es ja das Menschengeschlecht -, ist die Einrichtung einer „Freizeit-trinkerstädte" in der Innenstadt der Stadt Mannheim. Die Polizei sammelt die Alkohol- und Drogenabhängigen nicht mehr wie seinerzeit regelmäßig ein, um sie in die Aussenbezirke zu transportieren, nein, sie werden jetzt in der Innenstadt von Werbeflächen abgeschirmt an einem Platz „aufbewahrt", sogar mit Toilettenhäuschen und Sitzbänken. Das Ekelerregende ist, dass dieser Begriff unter Urheberrecht gestellt ist, die Finanzierung des Modells und dessen Instandhaltung wird durch die Werbeeinnahmen gesichert. Ich denke in diesem kurzen Beispiel wird das zuvor Beschriebene der Ökonomisierung deutlich und wir können hierin problemlos das „Inhumane" ausmachen.

Hinsichtlich der Tendenz das Augenmerk in der Sozialen Arbeit verstärkt auf geschlechtsspezifische Arbeit zu richten, was per se durchaus sinnvoll ist, vergegenwärtigen wir uns die differenten Lebenslagen und Probleme von Jungen und Mädchen, Männern und Frauen, so ist zu sagen, dass die Soziale Arbeit aber, die anhand dieser Arbeit herausgestellten objektiven Verblendungszusammenhänge und die konstatierte Indifferenz von Ökonomie und Subjekt, ihre legitimierende theoretische Basis hiermit nicht ausstattet, da sie selbst Teil dessen ist in der Gesamtheit ihrer Subjekte. So ist es dringend für die Soziale Arbeit notwendig, sich zu überdenken und aufzudecken, wo sie Intensitäten verhindert oder nicht aufspürt, sie Menschen in Produktionskanäle und Regelabstände lenkt, anders ausgedrückt, wo sie im trügerischen Gewand der Individualisierung einen „falschen" Humanismus befördert. Aber es ist schwer auszumachen, wann was als „menschlich" zu bezeichnen ist. Wenn wir das „Unmenschliche" bestimmen, fehlt uns dennoch der konkrete Begriff vom „Menschlichen". In ihren ADORNO-Vorlesungen merkt BUTLER diesbezüglich an: „Menschlich sein scheint zu bedeuten, sich in einer Zwangslage zu befinden, die man nicht auflösen kann. Adorno stellt in der Tat klar, dass er das Menschliche für uns nicht definieren kann. Wenn das Menschliche irgend etwas ist, dann scheint es eine Doppelbewegung zu sein, in der wir moralische Normen geltend machen und zugleich die Autorität in Frage stellen, mit welcher wir diese Normen geltend machen." (a.a.O., S. 104) Dies gilt zweifelsohne auch für die Soziale Arbeit, und nur wenn sie diese Normen selbst für sich reflektiert, kann sie den Menschen mit denen sie zu tun hat auch Reflexion zugänglicher machen. Es ist die Fruchtbarkeit des Widerspruchs, sein Potential für notwendige Verfehlungen und Irrtümer, in dessen Zwischenräumen man agieren kann. In Männern gibt es Widersprüchlichkeiten zu Genüge, stellen wir uns den doch irgendwie männlichen Prinzipien der Rationalität, des Aussens, der Verschlossenheit durch mangelnden Kontakt zur Innenwelt, der Kontrolle alles „im Griff" zu haben und der Gewaltanwendung.

Wir wollen nun unser Augenmerk wieder auf das konkrete „Du" richten. Das Subjekt ist ein soziales Wesen, denn es kann nicht für sich leben oder nur für sich selbst stehen, insofern braucht es den Gegenüber, der die Anerkennung durch Normen verleiht. Deshalb ist es unvollständig, stellen wir nur die Frage nach dem „Was kann aus mir werden?". Das „Du" hat insofern eine existentielle Dimension, dass wir ohne das „Du" nicht angesprochen werden und nicht ansprechen können. BUTLER formuliert dies folgendermaßen:

> „Einmal ist da die jederzeit gesellschaftliche Norm, die festlegt, was eine anerkennbare Rechenschaft[16] ist und was nicht. Und es kann keine Rechenschaft von mir selbst geben, die nicht bis zu einem gewissen Grad den Normen gehorcht, (...). Wenn es sich um eine Rechenschaft handelt, die ich von mir selbst gebe, und wenn diese Rechenschaft vor jemand anderem abgelegt wird, dann muss ich diese Rechenschaft aus der Hand geben, sie versenden, sie in eben dem Moment als mein Eigentum verlieren, in dem ich sie als meine formuliere. (...) Es gibt keine Rechenschaft außerhalb der Struktur der Adressierung, selbst wenn der Adressat implizit und ungenannt, anonym und unbestimmt bleibt." (2003, S. 49)

Im weiteren vermerkt BUTLER, dass das Subjekt auch immer was erzählen muss, von dem es keine Rechenschaft ablegen kann, gerade weil etwa der Körper für seine Geschichte kein Gedächtnis haben kann und seine kulturellen Möglichkeiten und Bedingungen der eigenen Konstitution vorgängig sind und ihr vorausgehen. Insofern ist jede Geschichte nie ganz selbstidentisch und markiert so die

---

[16] Rechenschaft von sich selbst ablegen beinhaltet, eine Geschichte von sich zu erzählen bzw. den Versuch sich zu erklären, mit dem Verweis auf das Mathematische aber auch in dem Sinn, dass eine Rechnung oder Schuld beglichen wird. (vgl. Butler 2003, S. 12)

notwendige Bereitschaft dem Anderen Gegenüber, dies auch für ihn einzuräumen und anzuerkennen, dass Anerkennung und das Wissbare ihre Grenzen hat. (vgl. ebd., S. 50-55) In der Frage nach dem „Du" darf keine komplettierende oder abschließbare Antwort erwartet werden. „Wenn also in der Frage ein Begehren nach Anerkennung liegt, ist das ein Begehren, das verpflichtet ist, sich als Begehren am Leben zu halten und sich nicht in der Befriedigung aufzulösen. ,Oh, jetzt weiß ich, wer du bist' – in diesem Moment höre ich auf, mich an dich zu wenden oder von dir angesprochen zu werden." (ebd., S. 57)

Hinsichtlich der moralischen Urteilskraft, und dies hat sicherlich auch Relevanz für die Sphäre dessen, wie sich Männer untereinander, Frauen gegenüber und zu sich selbst begegnen, merkt BUTLER an, dass wir immer schon in Beziehung zu denen stehen, die wir verurteilen, ebenso zu denen, die wir verurteilen müssen, aber „dann büssen wir die Chance ein, uns ethisch weiterzubringen oder ,adressieren' zu lassen, indem wir überlegen, wer die fraglichen Anderen sind und was ihr Personsein uns über die Bandbreite der existierenden menschlichen Möglichkeiten mitzuteilen hat; und wir verlieren die Möglichkeit, uns auf diese Möglichkeit oder deren Abwehr vorzubereiten." (ebd., S. 60/61) Es wird klar, dass Verurteilungen, von denen sich keiner lossprechen kann, Akte der Nichtanerkennung sind. BUTLER (vgl. ebd., S. 61) bemerkt hierzu, dass die Verurteilung in diesem Sinne der Selbsterkenntnis durchaus entgegenarbeiten kann, wenn das Selbst sich durch Nichtanerkennung oder Verleugnung moralisiert. Was die Verurteilung dem Subjekt aber in diesem Moment ermöglicht, bezeichnenderweise muss es diese ständig wiederholen, ist das u. U. trügerische Moment der Sicherheit, das einem selbst situativ Festigkeit und Klarheit vermittelt.

3   Verantwortung und Mündigkeit

Wir haben herausgestellt, dass das Subjekt und seine Beziehung zum „Du" von umfassenden gesellschaftlich konstituierenden

Bedingungen eingebunden ist und gleichzeitig so auch der Rahmen des Möglichen markiert und abgesteckt wird. Gleichzeitig sehen wir hierin eine „gemeinsame Wahrheit" jedes Subjekts. Folglich muss Erziehung, wie schon bemerkt, die Möglichkeiten der Reflexion befördern. „Mündigkeit bedeutet in gewisser Weise soviel wie Bewußtmachung, Rationalität. Rationalität ist aber immer wesentlich auch Realitätsprüfung, und diese involviert regelmäßig ein Moment von Anpassung." (ADORNO 1971, S. 109) Wenn Erziehung nun Reflexivität ermöglichen soll, so geht es nicht darum jedweder Anpassung abzuschwören, allenfalls der blinden, sondern Widerstandspunkte zu setzen und einseitige Identifikationen zu hinterfragen, denn es ist „auf jeden Fall anzugehen gegen das verschlampte Bewußtsein. Das Individuum, würde ich sagen, überlebt heute nur als Kraftzentrum des Widerstandes." (ebd., S. 118) Hinsichtlich der Erziehung bemerkt ADORNO, dass der Wettbewerb an sich einer humanen Erziehung entgegenstehe und diese keinesfalls darauf hinauslaufen kann, die Instinkte für den Wettbewerb zu kräftigen, indem bestimmte Lernmotivationen erzeugt werden unter Prämissen fragwürdiger Begabungsbegriffe. (vgl. ebd., S. 126/147)

In FOUCAULTs Worten würde es bedeuten, das Wahrheitsregime in Frage zu stellen.

Und diese Individualität ist genau das, was hierin förderungs-würdig und zu suchen ist, das das Differenzierende und Zarte ermöglicht oder zurückerobert, was Kritik am Starren und Unbeweglichen der Uniformität gerade im Antlitz der Individua-lisierung und Pluralisierung voraussetzt. Am Beispiel der Verurteilungsakte könnten wir sehen, wie identitätsstützend diese fungieren können und sagen: „Die Sicherheit des Ich ist gerade nicht das Festhalten an einer Identitätsformation, die den Widerspruch scheut, (..,) sondern sie ist die distanzierte Subjektivität der Reflexion, die nichts verteidigen muß, weil sie nichts zu schützen hat." (KRIEGER 1985, S. 238) Andererseits aber, argumentieren wir mit FOUCAULT, so lässt sich sagen, dass die Fähigkeiten zur Selbstreflexion begrenzt sein müssen allein durch die Diskurse und das, was aus den Bereichen des Sagbaren ausgeschlossen ist. Im Versuch der Verbindung diskursiver Anerkennungspraktiken mit den Subjektwerdungsnormen, schlägt er vor, diese zu analysieren, „durch die die Individuen dazu angehalten worden sind, auf sich selber zu achten, sich als Begehrenssubjekte zu entziffern, anzuerkennen und einzugestehen und damit zwischen sich und sich selber ein gewisses Verhältnis einzuleiten, das sie im Begehren ihres – natürlichen oder gefallenen – Seins entdecken läßt." (FOUCAULT 1989a, S. 11)

Und hierin kommen wir wieder zu dem Anderen. Wie schon erwähnt verbleibt im Selbst das Rätselhafte, das Ungeklärte und vor diesem Hintergrund bestimmt BUTLER den Begriff der Verantwortung eben in diese Einsicht, mit der Konsequenz, „dass schon mein Formungsprozess den Anderen in mir impliziert, dass meine eigene Fremdheit mir selbst gegenüber paradoxerweise die Quelle meiner ethischen Verknüpfung mit Anderen ist." (2003, S. 95) So will BUTLER eine Ethik aus den Sphären des Nicht-identischen oder Ungewollten entwickeln, indem sie bemerkt, dass jedes Subjekt in gewisser Weise, und dies sei Zeichen einer grundlegenden Verletzlichkeit, von Anbeginn an gegen unseren Willen uns Übergriffen ausgesetzt sehen. (vgl. ebd., S. 99/100) „Es könnte bedeuten, (...) dass man nicht versucht, das Ungewollte in Gewolltes zu überführen, sondern statt dessen eben die Uner-träglichkeit des Ausgesetztseins als Zeichen einer geteilten Verletzlichkeit, einer gemeinsamen Körperlichkeit, eines geteilten Risikos begreift.'"(ebd.) So liegt Verantwortung gerade darin, eben nicht verantwortlich zu sein für unsere Bedingungen, aber dafür, dass wir und wie wir einander in den Händen liegen. (vgl. ebd., S. 101)

106

XII   Literaturverzeichnis

ADORNO, T. W. (1971): Erziehung zur Mündigkeit. 1. Auflage. Suhrkamp. Frankfurt a. M.
ADORNO, T. W. (1975): Negative Dialektik. 1. Auflage. Suhrkamp. Frankfurt a. M.
ADORNO, T. W. (2001): Minima Moralia – Reflexionen aus dem beschädigten Leben. Suhrkamp. Frankfurt a. M.

BAUMANN, W. (1993): Stichwort: Identität. In: Fachlexikon der Sozialen Arbeit.3. Auflage. S. 482. Deutscher Verein für öffentliche und private Fürsorge. Frankfurt a. M.

BATAILLE, G. (1972): Die Geschichte des Auges. In: ders.: Das obszöne Werk.Reinbek

BECK, U. (1986): Risikogesellschaft. Auf dem Weg in eine andere Moderne.Suhrkamp. Frankfurt a. M.

BECK, U./BECK-GERNSHEIM, E. (1990): Das ganz normale Chaos der Liebe.Suhrkamp. Frankfurt a. M.

BERGFLETH, G. (1985): Theorie der Verschwendung. Matthes & Seitz

BLUMFELD (1992): Ich-Maschine. What's so funny about...Records
BLUMFELD (1994): L'etat e moi. Big Cat Records

BOURDIEU, P. (1986): Die biographische Illusion. In: BIOS 2/1990, S. 75-81.Erstveröffentlichung: L' illusion biographique. Actes de la Recherche en sciences sociales 62/63/1986, S. 69-72
BOURDIEU, P. (1987): Die feinen Unterschiede: Kritik der gesellschaftlichen Urteilskraft. Suhrkamp. Frankfurt a. M.
BOURDIEU, P. (1997): Die männliche Herrschaft. In: DÖLLING/KRAIS (Hg.): Ein alltägliches Spiel. Geschlechterkonstruktion in der sozialen Praxis, S. 153-230. Suhrkamp. Frankfurt a. M.

BRÜCKNER, M.; et al. (Hg.) (2001): Geschlechterverhältnisse. Gesellschaftliche Konstruktionen und Perspektiven ihrer Veränderung. Juventa. München und Weinheim

BUBLITZ, H.; et al. (Hg.) (1999): Das Wuchern der Diskurse – Perspektiven der Diskursanalyse Foucaults. Frankfurt a. M.; New York

BUTLER, J. (1991): Das Unbehagen der Geschlechter. Suhrkamp. Frankfurt a. M.
BUTLER, J. (1997): Körper von Gewicht. Suhrkamp. Frankfurt a. M.
BUTLER, J. (2001): Psyche der Macht. Suhrkamp. Frankfurt a. M.
BUTLER, J. (2003): Kritik der ethischen Gewalt. Adorno-Vorlesungen 2002 am Institut für Sozialforschung in FFM. Suhrkamp.Frankfurt a. M.

CARRIGAN, T./CONNELL, B./LEE, J. (1985): Towards an new sociology of Masculinity. In: Theory and society, Vol. 14, Nr. 5. Amsterdam

CERVANTES SAAVEDRA DE, M. (1997): Don Quijote de la Mancha. dtv. München

CHODOROW, N. J. (1990): Das Erbe der Mütter. Psychoanalyse und Soziologie der Geschlechter. 3. Auflage. München

CONNELL, B. (1987): Gender and Power. Cambridge. Oxford
CONNELL, B. (1999): Der gemachte Mann. Konstruktion und Krise von Männlichkeiten. Opladen

DELEUZE, G. (1996): Lust und Begehren. Merve. Berlin
DELEUZE, G./GUATTARI, F. (1977): Anti-Ödipus. Kapitalismus und Schizophrenie 1 Suhrkamp. Frankfurt a. M.
DELEUZE, G./GUATTARI, F. (1977a): Rhizom. Merve. Berlin

DUDEN (1985): Großes Fremdwörterlexikon. 6. Auflage. Gondrom Bayreuth

DUHM, D. (1973): Angst im Kapitalismus. 4. Auflage. Verlag Kübler KG

ELIAS, N. (1995): Über den Prozeß der Zivilisation. Band II: Wandlung der Gesellschaft – Entwurf einer Theorie der Zivilisation. 19. Auflage. Suhrkamp. Frankfurt a. M.

ENGELFRIED, C. (1997): Männlichkeiten. Die Öffnung des feministischen Blicks auf den Mann. Juventa. Weinheim und München

FOUCAULT, M. (1974): Die Ordnung der Dinge – eine Archäologie der Humanwissenschaften. Suhrkamp. Frankfurt a. M.

FOUCAULT, M. (1977): Überwachen und Strafen: Die Geburt des Gefängnisses.Suhrkamp. Frankfurt a. M.

FOUCAULT, M. (1978): Dispositive der Macht: Über Sexualität, Wissen und Wahrheit. Merve. Berlin

FOUCAULT, M. (1981): Die Archäologie des Wissens. Suhrkamp. Frankfurt a. M.

FOUCAULT, M. (1983): Der Wille zum Wissen. Sexualität und Wahrheit 1.Suhrkamp. Frankfurt a. M.

FOUCAULT, M. (1984): Von der Freundschaft. Michel Foucault im Gespräch. Merve.Berlin

FOUCAULT, M. (1989): Der Gebrauch der Lüste. Sexualität und Wahrheit 2.Suhrkamp. Frankfurt a. M.

FOUCAULT, M. (1989a): Die Sorge um sich. Sexualität und Wahrheit 3. Suhrkamp.Frankfurt a. M.

FOUCAULT, M. (1993): Von der Subversion des Wissens. Fischer. Frankfurt a. M.

FOUCAULT, M. (1996): Diskurs und Wahrheit. Berkeley-Vorlesungen 1983. Merve.Berlin

FOUCAULT, M. (1999): In Verteidigung der Gesellschaft. Vorlesungen am College de France 1975-1976. Suhrkamp. Frankfurt a. M.

FOUCAULT, M. (2000): Die Gouvernementalität. In: BRÖCKLING/KRASSMANN/LEMKE (Hg.) Gouvernementalität der Gegenwart. Studien zur Ökonomisierung des Sozialen, S. 41-68. Frankfurt a. M.

FREUD, S. (2000): Das Ich und das Es. In: Band III. Psychologie des Unbewußten. Studienausgabe. Fischer. Frankfurt a. M.

FREUD, S. (2000a): Drei Abhandlungen zur Sexualtheorie. In: Band V. Sexualleben.Studienausgabe. Fischer. Frankfurt a. M.

FRISCH, M. (1973): Stiller. Suhrkamp. Frankfurt a. M.

FUCHS, P. (1999): Liebe, Sex und solche Sachen. Zur Konstruktion moderner Intimsysteme. UVK

GEBAUER, G. (1997): Kinderspiele als Aufführungen von Geschlechterunterschieden.In: DÖLLING/KRAIS (Hg.). Ein alltägliches Spiel. Geschlechterkonstruktion in der sozialen Praxis, S. 259-284.Suhrkamp. Frankfurt a. M.

GOETHE v., J. W. (1997): Wilhelm Meisters Lehrjahre. Werke 4. Könemann. Köln

HAGEMANN-WHITE, C. (1984): Sozialisation: Weiblich-männlich? Opladen

HANDKE, P. (1978): Die Stunde der wahren Empfindung. Suhrkamp. Frankfurt a. M.

HOFFMANN, B. (1998): Männlichkeit in der zweiten Moderne. Zur Theorie reflexiver Modernisierung. In: Widersprüche. Zeitschrift für sozialistische Politik im Bildungs-, Gesundheits- und Sozialbereich. Nr. 67. 18. Jahrgang, S. 27-43. Kleine Verlag.Bielefeld

HORKHEIMER, M./ADORNO, T. W. (2002): Dialektik der Aufklärung.Philosophische Fragmente. Fischer. Frankfurt a. M.

KRIEGER, W. (1985): Identität und Erziehung. Europäische Hochschulschriften.P. Lang. Frankfurt a. M.. Bern. New York

LACAN, J. (1975): Die Bedeutung des Phallus. In: ders.: Schriften II. Freiburg. I. B.

LUHMANN, N. (1985): Soziale Systeme. Grundriss einer allgemeinen Theorie.2. Auflage. Suhrkamp. Frankfurt a. M.

LYOTARD, J.-F. (1978): Instensitäten. Merve Berlin
LYOTARD, J.-F. (1989): Der Widerstreit. 2. korrigierte Auflage. München

MEUSER, M./BEHNKE, C. (1998): Tausendundeine Männlichkeit? MännlichkeitsMuster und sozialstrukturelle Einbindung. In: Widersprüche. Zeitschrift für sozialistische Politik im Bildungs-, Gesundheits- und Sozialbereich. 18.Jahrgang, Nr. 67, S. 7-26. Kleine Verlag Bielefeld

OVID (1986): Metamorphosen. Gutenberg. Frankfurt a. M.

PLATON (1997): Platons Mythen. Insel Verlag. Frankfurt a. M. und Leipzig

ROSE, L. (1997): Körperästhetik im Wandel. Versportung und Entmütterlichung des Körpers in den Weiblichkeitsidealen der Risikogesellschaft. In: DÖLLING/KRAIS: Ein alltägliches Spiel. Geschlechterkonstruktion in der sozialen Praxis, S. 125-152. Suhrkamp. Frankfurt a. M.

SENNETT, R. (1984): Sexualität und Einsamkeit. In: Foucault, M.: Von der Freundschaft. M. Foucault im Gespräch. Merve. Berlin

WEBER, M. (1956): Wirtschaft und Gesellschaft. Tübingen

ZIMMERMANN, P. (2000): Grundwissen Sozialisation. Opladen. Augsburg. Stuttgart

www.ingramcontent.com/pod-product-compliance
Lightning Source LLC
Chambersburg PA
CBHW022327280326
41932CB00010B/1257